Nicolette Fountaris

Liebe Nicolette, ...

*Vom ersten Date
bis zum letzten Kuss*

Impressum

Liebe Nicolette, ...
Vom ersten Date bis zum letzten Kuss

1. Auflage

© 2021 Community Editions GmbH
Weyerstraße 88-90
50676 Köln

Text: Nicolette Fountaris
Co-Autorinnen: Nadine Buranaseda & Gitte Diener, typo18
Layout, Design & Satz: Sue Hiepler
Projektleitung: Sarah Völker
Fotos: © Philip Schmidt-Dold
Gesamtherstellung: Community Editions GmbH
ISBN 978-3-96096-187-1
Printed in Hungary

www.community-editions.de

Nicolette Fountaris

Liebe Nicolette, ...

VOM ERSTEN DATE
BIS ZUM LETZTEN KUSS

„Es steht
in keinem
Buch geschrieben,
wie Liebe
funktioniert.“

Inhalt

1. Kapitel

2. Kapitel

3. Kapitel

4. Kapitel

1

Wie alles begann

Wie alles begann

Welch ein Erfolg! Bei allem, was ich tue, bin ich selbst immer meine größte Kritikerin - und dennoch ging meine Idee mit dem *Dirty Donnerstag* durch die Decke: auf Instagram ganz ungeniert und offenherzig Tipps zu Beziehungen, Sex und allzu Menschlichem geben. Die Zahl der Follower*innen steigt und steigt bis heute und bestätigt mich jede Woche aufs Neue, dass ich nicht so ganz falsch liegen kann, auch wenn ich mir manchmal wünschte, ich würde nicht immer zu allem meinen Mund aufmachen. Doch gerade das lieben Menschen an mir. Schließlich fing so auch alles an.

Viele Start-ups und Topunternehmen wurden in Hinterhofgaragen gegründet, so zumindest wollen es einem immer wieder die schicken Marketingkampagnen verkaufen. Okay, ich gebe es zu, bei mir war es - richtig! - das Großraumbüro. Was soll ich auch mit ölverschmierten Lappen und dem Geruch nach Gummi anfangen? Bei mir war es der gepflegte Schreibtisch und um mich herum ausschließlich Frauen, alle nett, bunt vom Arbeitsleben zusammengewürfelt und auf meiner Humor-Wellenlänge. Das war ein Superteam, mit dem ich gut zusammenarbeiten konnte und mit dem ich - natürlich nur in den Pausenzeiten und nach Feierabend - Mädelsthemen rauf und runter bequatschen konnte: über Männer, die auf ihrem Handy immer noch die Fotos von Ex-Freundinnen wie Trophäen gespeichert hatten, über Ehemänner, die zwar jeden Samstag ihr Auto mit Hingabe wienerten, aber nicht in der Lage waren, ihre Zehennägel zu schneiden, über Anregungen für Rollenspiele, um das Sexleben aufzupeppen, oder einfach Tipps, wo das beste Nagelstudio in der Stadt zu finden war. Die Bandbreite unserer Gesprächsthemen war so groß wie das Leben. Und da ich zu allem eine Meinung habe, mit der ich nicht hinterm Berg halten kann, die ich also mit Verve und Humor raushaue, war der Schritt zum *Dirty Donnerstag* nur ein kleiner. Wie heißt es immer? „Das Gute liegt so nah und doch so fern." Man sieht es dann selbst nicht. Und so ging's auch mir: Ich brauchte jemanden, der mich darauf stieß.

Am Schreibtisch hinter mir saß die Social-Media-Beauftragte des Unternehmens, für das ich zu dem Zeitpunkt arbeitete - eine entzückende Frau und echte Expertin darin, wie man Instagram & Co. dafür nutzen kann, kreative Ideen, Lifestyle und eigene Ansichten einer großen Community zugänglich zu machen. Sie ist als @aboutdina bei Instagram unterwegs. Eines Tages kamen wir darüber ins Gespräch und sie setzte mir diesen Floh ins Ohr, dass meine Art, über Männer und Frauen, Liebe und Sex zu sprechen, so witzig und erfrischend sei, das dürfe ich nicht nur in unserer kleinen Mädelsrunde kundtun. Schon damals war ich nicht von vorgestern und sogar schon auf Instagram aktiv, aber bei Weitem nicht so rege wie jetzt. Dina bearbeitete mich jedoch förmlich, sie motivierte mich, plauderte aus ihrem Marketing-Nähkästchen und zeigte mir ein paar Kniffe. Und sie versprach mir, wenn ich den ersten Schritt wagen würde, dann wird sie mich pushen und die Werbetrommel für mich rühren. Ohne sie hätte ich sicherlich nicht so schnell so großen Erfolg gehabt!

Also war es an einem Abend dann so weit: Eine Story über ‚typisch Mann, typisch Frau' ging live. Meine allererste Story! Ich weiß noch, wie nervös ich war und wie ich mich zuerst in die Technik reinfuchsen musste - Handgriffe, die heute gar nicht mehr aus meinem Leben wegzudenken sind. Mein Handy ist jetzt quasi meine dritte Hand. Oh mein Gott, das darf ich echt niemandem erzählen, wie lange es damals gedauert hat, bis diese Geschichte im Kasten war. Aber ich hatte es geschafft - und Dina war so begeistert von dem, was sie sah, dass sie ihr Versprechen wahrmachte: Sie teilte meine Story, verlinkte und suppor-

❝ Es steht in keinem
Buch geschrieben, wie
Liebe funktioniert. **❞**

tete mich damit sehr. Die ersten Fans fanden zu mir und bereits einen Monat später entwickelte das Ganze eine Eigendynamik. Die Ereignisse überschlugen sich. Immer mehr Menschen schrieben mir, dass sie mehr von mir sehen wollten - die Nachfrage stieg und damit in gleichem Maße meine Lust, mich weiter in diesem Bereich auszuprobieren und mir mein eigenes Start-up aufzubauen. Eine der besten Entscheidungen meines Lebens!

Meinen Job in diesem Großraumbüro, mit diesen fantastischen Kolleg*innen, hängte ich an den Nagel. Das erforderte großen Mut - denn finanziell bedeutete das für die erste Zeit eine enorme Unsicherheit. Doch diesen Sprung ins kalte Wasser war ich mir schuldig: Endlich hatte ich die Chance, meine Träume zu verwirklichen! Und unter uns gesagt: Es gab schlicht keine Alternative. Mit den Inhalten meiner Storys bin ich schon früh angeeckt, ich war unbequem, unverblümt und manch einem zu direkt. Das gefiel nicht allen, und meine Art, die für meinen heutigen Geschmack zu vulgär war, wurde kontrovers diskutiert. Für Arbeitgeber*innen, die herkömmliche Nine-to-five-Jobs zu vergeben haben, war ich als Arbeitnehmerin somit zu riskant.

Interessant wurde ich dadurch aber für Medien und Verlagshäuser. Eines Tages kam die Redaktion eines Onlinemagazins mit einer Anfrage auf mich zu: Ob ich mir vorstellen könnte, zehn ausgewählte Leser*innen-Fragen im Zungenschlag meiner Instagram-Storys zu beantworten? Und wie ich das konnte! So bot sich mir die Möglichkeit, Menschen anzusprechen, die bisher noch nichts von mir wussten. Das ließ ich mir nicht entgehen! Der Artikel erschien und war eine Steilvorlage für den *Dirty Donnerstag*. Die donnerstägliche Plauderstunde auf Instagram war geboren - mein Herzensprojekt. Mit ihr erblickte auch Mademoiselle Nicolette das Licht der Welt. Innerhalb von achtundvierzig Stunden hatte ich weitere zehntausend Follower*innen. Inzwischen schauen jede Woche Follower*innen im sechsstelligen Bereich zu, schicken mir Fragen, wollen meine Einschätzung zu eigenen Unsicherheiten bei Reizwäsche oder zur Suche nach dem perfekten Partner hören.

Heute genießt das Format einen Kultstatus und das Interesse daran steigt weiterhin. Darauf bin ich stolz und dafür unendlich dankbar, weil sich damit ständig weitere Türen öffnen, um Ideen zu entwickeln und in meiner Arbeit als Künstlerin umzusetzen.

Der *Dirty Donnerstag* war der Grundstein meines neuen Lebens als Freiberuflerin, mittlerweile ist er die solide Basis für so viele andere Projekte: für Fernsehshows, in denen ich zu Gast sein darf, für die ruckzuck ausverkauften Tourauftritte in großen Veranstaltungshallen, und dafür, dass ich meine eigene Fernsehshow machen durfte.

Der Dirty Donnerstag *hat mich zu meinem eigentlichen Beruf gebracht, zu meiner Berufung: dem Dasein als Comedienne.*

Diesem Format verdanke ich unglaublich viel. Meine Freude darüber überwiegt deutlich – aber auch das musste ich erst lernen. Denn immer wieder hagelte es Kritik, und lange Zeit war ich von vielen Menschen in die Schublade der „Einfach strukturierten Sexblogger*innen" einsortiert. Für sie war ich nur die Nicolette vom *Dirty Donnerstag*. Einfach nur die Frau, die kein Blatt vor den Mund nahm und ausschließlich über Sex, Erotik und Beziehungen redete. Inzwischen – und das hat lange gedauert! – konnte ich dieses Image ablegen und habe unter Beweis gestellt, dass mein Horizont weit über die Bettkante hinausgeht.

Heute weiß ich zu schätzen, dass es Teil meines Berufs ist, über meine Leidenschaft, Beziehungen und Zwischenmenschlichkeit zu sprechen. Ich wurde sogar von Fakultäten angefragt, in denen angehende Beziehungstherapeut*innen und Lifecoaches ihren Beruf erlernen. Dort habe ich Vorlesungen gehalten – während mich andere für meine Arbeit belächelt und sie nur als Entertainment gesehen haben. Diese Anfragen von Expert*innen haben mich bestätigt, sie gaben meiner Arbeit ein größeres Gewicht und eine außerordentliche Wertschätzung.

Viele Punkte, die ich ausspreche, oder viele Auffassungen, die ich vertrete, haben ihren Ursprung auch im eigenen empfundenen Schmerz und in seiner Verarbeitung. Ich habe oft versucht zu lieben, ich habe intensiv geliebt und wurde geliebt - und wer zu tiefen Gefühlen und Zuneigung fähig ist, der läuft Gefahr, genauso tief verletzt zu werden. Auch ich war und bin davor nicht gefeit. Doch ich versuche immer, stärker aus solchen Situationen herauszugehen und dazuzulernen. Deshalb setze ich mich schon lange mit den Geschlechtern und mit meinem Geschlecht auseinander, das mir physisch nicht von Geburt an gegeben war. Vielleicht hat meine Transsexualität ihren Anteil daran, dass ich mich immer besonders mit der Beziehung zwischen Mann und Frau beschäftigt habe - weil Männer mich zu der Frau gemacht haben, die ich heute bin, eben die Frau, die ich sein möchte, ohne Rücksicht darauf zu nehmen, ob andere das gut oder schlecht finden. Aus diesem Grund habe ich diesen Ratgeber geschrieben. Alle, die dieses Buch lesen, sollen daraus lernen: Lässt man sich auf die Liebe ein, sind Frust, Trauer, Enttäuschung oder Angst fehl am Platz. Liebe sollte keine harte Arbeit und schon gar nicht mit Schmerz verbunden sein. Enttäuscht zu werden, vor Sorge und Grübelei schlaflos im Bett zu liegen - das alles hat nichts mit echter Liebe zu tun. Und das sage ich nicht, weil ich es in Artikeln, Büchern und Reportagen gelesen oder gesehen habe, sondern kann es (leider) mit der Überzeugung aus eigener Erfahrung weitergeben.

Trotzdem bin ich keine Therapeutin, keine Psychologin und halte mich auch nicht dafür - auch wenn Kritiker*innen immer wieder meinen, mir Letzteres vorwerfen zu müssen. Dennoch habe ich für mich Werte und Erkenntnisse gewonnen und kann zu Problemen von anderen mit meiner eigenen Sichtweise Stellung nehmen - wie es gute Freund*innen auch tun würden. Sie helfen einem durch Schwierigkeiten und Momente des Kopf- und Herzzerbrechens, indem sie zuhören und spiegeln, was man vielleicht eh schon lange für sich erkannt hatte - eben nur tief verborgen in der eigenen Seele. So ist es auch beim *Dirty Donnerstag*. Alle, die mir eine Frage geschickt haben, tragen die Antwort in sich. Ich bin kein allwissendes Orakel. Ich helfe nur, diese Antworten offenzulegen. Ist nur eine einzige Person darunter, die sie dank meiner Hilfe findet, oder nur eine Person, die durch meine Art befreit(er) lachen kann, dann habe ich meinen Job richtig gemacht.

„Liebe Nicolette, wie definierst du eine gesunde Beziehung?"

Meine Antwort
Mein Prinzip lautet 80/20. 80 Prozent der Beziehung sollte gut sein, 20 Prozent dürfen Lappalien sein. Punkte, bei denen du mal die Augen rollst, mal diskutierst. Eine gut funktionierende Beziehung bedeutet, dass dieser Mensch mein Fels in der Brandung ist, dass mein Mann meine Familie ist – und das auch in Zeiten der 20 Prozent.

DIRTY-DONNERSTAG-SHORT

„Liebe Nicolette, ich hätte von meinem Partner so gerne mehr romantische Gesten, zum Beispiel Dates, Kuscheln oder Blumen. Was soll ich tun?"

Meine Antwort

Diese Wünsche gehören für mich ganz klar in die Kategorie „Beziehungspflege" und leider beobachte ich immer wieder, dass das einigen - vor allem männlichen Partnern - schwerfällt. Dabei ist es doch so einfach, eine Frau glücklich zu machen! Jeder Mensch freut sich über die Kleinigkeiten, die die Beziehung am Laufen halten. Sei es ein Überraschungsei von der Tankstelle, eine selbst gepflückte Blume oder ein Zettel mit ein paar lieben Worten auf dem Badezimmerspiegel - klingt kitschig, zeigt aber Wirkung! Am besten machst du deinem Partner klar, dass dir das wichtig ist und du das zu schätzen weißt. Ich empfehle dir außerdem, das Buch „Die fünf Sprachen der Liebe" zu lesen. Dein Partner scheint im Gegensatz zu dir vielleicht nicht der Typ zu sein, der seine Liebe mit Geschenken oder gemeinsamer Zeit zum Ausdruck bringt - dafür vielleicht eher mit Hilfsbereitschaft, Worten der Anerkennung oder Zärtlichkeit.

DIRTY-DONNERSTAG-SHORT

Nicolettes Weisheit:

DANKBARKEIT

Glück empfinden zu können, ist eine wichtige Fähigkeit. Dafür ist es elementar, für Sachen, die einem widerfahren oder begegnen, dankbar sein zu können. Diese Dankbarkeit lenkt in jeder Situation den Blick auf das Positive, sei sie noch so deprimierend oder krisenbehaftet. Das bedeutet aber im Umkehrschluss eben auch: Sehe ich das Glück in meinem Leben, erkenne ich, wie privilegiert ich bin. Das Positive wertschätzen zu können, ist wahnsinnig zufriedenstellend und erfüllend. Läuft es mal nicht so, wie ich es mir wünsche, versuche ich dennoch, mir vor Augen zu führen, wofür ich dankbar sein kann. Mein Glas ist immer halb voll, niemals halb leer. In den ersten siebenundzwanzig Jahren meines Lebens habe ich mich schwer damit getan und ich musste diese Lektion im Leben erst lernen. Aber seit ich Dankbarkeit spüren kann, hat sich das gesamte Blatt für mich zum Positiven gewendet.

2

über Frauen
und Männer

Über Frauen und Männer

Die Unterschiede zwischen den Geschlechtern haben sowohl physiologische als auch psychologische Gründe, sie beschränken sich also längst nicht nur auf die offensichtlichen körperlichen Merkmale. Das zu ignorieren oder gar leugnen zu wollen, bringt nur eines mit sich: Probleme. Sich die Andersartigkeit vor Augen zu führen und ihr auf den Grund zu gehen, ist hingegen spannend und erhellend zugleich. Denn mit dieser Erkenntnis findet man auch das ein oder andere Puzzleteil, um das Gegenüber mit seinen Bedürfnissen und seiner Motivation besser zu verstehen. Ein zentrales Thema dabei ist Angst, wie der Psychologe John Gottman erforscht hat.

Frauen und Männer sind gleichwertig, aber nicht gleichartig!

Stell dir folgendes Szenario vor: Du bist in einem Saal voller Menschen, also eine bunte Mischung aus Männern und Frauen. Fragst du, wer in den vergangenen fünf Jahren vor irgendetwas Angst gehabt habe, dürften sowohl die meisten Frauen als auch die meisten Männer ihre Hand heben. Beziehst du aber die Frage auf Zeiträume, die nicht so weit zurückliegen, fallen die Reaktionen gemischter aus. Wie siehts mit den vergangenen zwei Jahren aus? Dann melden sich vermutlich nicht mehr so viele Männer, jedoch immer noch alle Frauen. Würdest du die Männer fragen, wer in den letzten vier Monaten Angst gehabt habe, streckt wahrscheinlich keiner von ihnen den Arm. Ganz anders sieht es allerdings bei Frauen aus. Alle würden sagen, dass sie Angst gehabt hätten.

Forscher wie Gottman haben herausgefunden, dass Angst für Frauen allgegenwärtig ist. Damit meine ich nicht, dass sie panischer sind und sich vor allem verkriechen, obwohl auch Angststörungen bei Frauen häufiger vorkommen. Ich spreche davon, dass Frauen von Natur aus vorsichtiger sind als Männer, wenn es um andere Menschen geht, um ihren Partner, ihre Familie, ihre Kinder. Sie machen sich mehr Sorgen um das gesundheitliche Wohlbefinden anderer oder darum, dass die finanzielle Existenz bedroht sein könnte, oder über körperliche Bedrohungen. Die Liste ließe sich beliebig fortsetzen. Dabei meinen sie gar nicht immer Männer - in den seltensten Fällen sogar. Dennoch schwingt dieses Gefühl meist unterbewusst bei der Partnerwahl mit.

Angst ist für Frauen eine ständige Begleiterin.

Denn was sucht jemand, der sich unsicher und ängstlich fühlt? Schutz! Frauen sehnen sich nach Sicherheit, nach dem Fels in der Brandung, der starken Schulter zum Anlehnen. Die einen finden das im durchtrainierten Beschützer, die anderen in dem erfahrenen Mann von Welt, den so schnell nichts aus der Ruhe bringen kann. Lernen Frauen einen Mann kennen, überprüfen sie unbewusst bei jedem einzelnen, ob er ihr die Sicherheit bieten kann, die sie braucht. Sicherheit und Vertrauen gehen für Frauen Hand in Hand - spüren sie das eine, ist das andere fast ein Selbstläufer. Strahlt ein Mann Sicherheit aus, können sie ihm auch leichter vertrauen.

Manche Männer sind mit einer solchen Menge an Sensibilität überfordert. Und schlimmer noch: Sie äußern ihr Unverständnis, indem sie die Gefühle der Frau kleinreden. Wie viele Männer sagen immer wieder den scheinbar lapidaren Satz „Sei nicht so empfindlich", weil sie glauben, damit könnten sie die Frau dazu bewegen, ihre Emotionen zu überdenken und stärker zu werden? Aber damit erreichen sie das genaue Gegenteil, denn einer Frau versetzt dieser Satz einen Stich ins Herz. Er bestätigt ihre Befürchtungen und erschüttert das Vertrauen in ihren Partner, der ihr kei-

"

Emanzipation bedeutet
nicht, dass ich alles
besser machen kann als
die Männer. Es bedeutet,
dass ich in keinerlei Kon-
kurrenz mit irgendeinem
Mann stehe.

"

nen Schutz mehr bietet.

Darin liegt einer der Knackpunkte in einer Partnerschaft, einer der Gründe, warum sie scheitert und eine Frau irgendwann der Meinung ist, ihr Partner verstünde sie nicht. Natürlich gibt es eine unendliche Menge an möglichen Missverständnissen, die zwischen Männern und Frauen auftreten können. Aber das hier ist das ursprünglichste – eine Frau sucht Schutz und möchte Vertrauen, aber ihr Partner versteht dieses Bedürfnis nicht. Würde er das tun, wäre das ein erster großer Schritt, besser miteinander auszukommen. Abgesehen davon, wie elementar das wäre, um eine tragfähige Beziehung aufzubauen. Stattdessen finden Frauen leider allzu oft die Bestätigung ihrer Ängste. Mir ist da noch deutlich ein Erlebnis vor Augen, angesichts dessen ich mich heute noch wundere, dass ich nicht den Glauben an schöne Dates verloren habe.

Die Erdbeerfeld-Affäre

Mit Anfang zwanzig zog ich von zu Hause aus – eine aufregende Zeit. Zum ersten Mal auf eigenen, wenn auch finanziell eher wackligen Beinen stehen und den Sprung ins Erwachsenenleben wagen, das fühlt sich wohl für alle abenteuerlich an. Obwohl der chronisch leere Geldbeutel mit mir schimpfte, machte ich es mir in meiner kleinen Dachgeschosswohnung richtig gemütlich. Auf dem Tisch musste zum Beispiel immer ein frischer Blumenstrauß stehen – so holte ich mir die Aussicht auf den Waldrand, die weiten Wiesen und Weiden ins Wohnzimmer. Der Anblick unterstrich im Sommer bei geöffneten Fenstern noch den Duft saftiger Erdbeeren vom nahen Feld. Natur pur – und der für mich herrlichste Ort für den Feierabend! Obwohl ich meinen Job als Verkäuferin mochte, konnte ich es auf dem Heimweg kaum erwarten, mein Auto vor dem Haus zu parken und in mein kleines Reich zurückzukehren. Nach einem langen Tag endlich die Füße hochlegen und meine gemütlichen vier Wände genießen.

Damals war ich nach längerer Zeit das erste Mal wieder Single und datete den ein oder anderen Mann - man gönnt sich ja sonst nichts. Leider waren nicht nur nette dabei, sondern teilweise richtige Katastrophen. Eine Verabredung ist mir noch lebhaft in Erinnerung geblieben. Er sah gut aus und entsprach genau meinem Beuteschema, zumindest äußerlich. Aber kaum saßen wir im Restaurant am Tisch, wurde er touchy und merkte nicht, wie unangenehm mir sein geschmackloses Verhalten war. Aus falscher Höflichkeit traute ich mich nicht, ihm klare Kante zu zeigen - inzwischen werde ich da viel deutlicher, wenn meine Grenzen überschritten werden. Etwas, das ich an diesem Abend noch lernen sollte ...

Trotz seiner Anhänglich- und Übergriffigkeit ließ ich mich nach dem Essen von ihm nach Hause fahren. Das macht ein anständiger Mann schließlich. Was mir zu dem Zeitpunkt noch nicht klar war: Der Kerl hatte nur Sex im Kopf! Schon im Auto wollte er mir an die Wäsche. Als wir dann vor meinem Haus ankamen und im Licht der Straßenlaterne stehen blieben, war ihm das wohl für das, wonach ihm der Sinn stand, zu hell. Also fuhr er den Sportwagen kurzerhand mitten aufs Erdbeerfeld. Jetzt wollte er offenbar aufs Ganze gehen, stieg aus, umrundete das Auto und machte mir die Tür auf. Die Nachtluft mit der Erdbeernote war wunderbar betörend und das Ambiente wie für ein Abenteuer unter freiem Himmel gemacht. Er ließ sich davon allerdings etwas zu sehr mitreißen, kam immer mehr in Fahrt und presste mich irgendwann recht grob gegen die Seitentür.

Da war für mich das Maß voll. Ich wies ihn in die Schranken und stieß ihn von mir, nachdem er sich von meinem Nein nicht hatte beeindrucken lassen, sondern einfach weitergemacht hatte. Ich hatte keine andere Wahl, als laut zu werden und ihn anzuschreien, er solle die Hände von mir lassen. Er ließ wutentbrannt von mir ab, setzte sich hinters Steuer und warf meine Handtasche in hohem Bogen

aus dem Fenster. Mit durchdrehenden Reifen raste er davon - und ließ mich mitten in der Nacht auf dem Erdbeerfeld zurück. Meine Schuhe begleiteten ihn im Fußraum auf
der Beifahrerseite.

Ich musste mich zusammenreißen und meine Tränen
unterdrücken. Rasch zupfte ich also meine Frisur zurecht
und strich das Kleid glatt, um mit hoch erhobenem Haupt
im Stockfinsteren über die reifen Erdbeeren nach Hause
zu staksen. Zu Hause hatte ich meine liebe Mühe, mir den
Erdbeersaft von den Füßen zu waschen. Und die roten
Fußabdrücke auf der Straße und im Treppenhaus erinner-
ten mich am nächsten Morgen daran, dass das kein Traum
gewesen war. Während ich die Stufen wischte, schwor ich
mir, dass mir so etwas nie wieder passieren würde!

Emanzipation

Ich habe aus diesem Date gelernt, dieser Kerl sicher
nicht. Dabei wären einige Männer gut beraten, sich ihr
Hirn nicht nur darüber zu zermartern, wie sie schnell die
nächste Frau erfolgreich abschleppen, sondern ihr eigenes
Rollenverständnis zu überdenken. Das würde ihnen weit-
aus besser zu Gesicht stehen - und sie sicherlich auch
glücklicher machen.

Der Mann war Jahrhunderte lang der starke Krieger,
der Held. Seine Aufgabe war es, Frau und Familie zu beschützen und die Versorgung zu sichern. Ein Mann wie
ein Baum - solche sprachlichen Bilder zeigen, wie wichtig
es war, dass er unerschütterlich und fest verwurzelt Stärke
zeigte. Dieses traditionelle Rollenbild hatte die letzten Jahrhunderte in der Menschheitsgeschichte Bestand, ebenso
wie die Frau ihre Rolle erfüllte. Ihr Aufgabenbereich lag im
Heim und am Herd, daran gab es ebenso wenig zu rüt-
teln. Jedes Geschlecht hatte sich arrangiert und gefügt - bis
die Frauen aufbegehrten. Die Frauenbewegung, die in der
Geschichte unterschiedliche Ausformungen hatte, mehrere Anläufe brauchte und vermutlich auch heute immer

wieder braucht, hat das traditionell Bewährte gehörig ins Wanken gebracht. Mit ihr wurden die Aufgaben und Positionen infrage gestellt – die von Männern ebenso wie die von Frauen.

Wodurch wurde diese Bewegung ausgelöst? Das weibliche Geschlecht hat mittlerweile den Anspruch an sich selbst, stark zu sein, die Heldin zu sein, „ihren Mann zu stehen". Die Frau möchte das schaffen, was sie sonst von Männern erwartet: unerschütterliche Stärke und Unantastbarkeit der Gefühle. Frauen sind mitunter, in der klassischen Rollenverteilung gesprochen, mehr Mann als der Mann selbst – eben Powerfrau mit Frauenpower. Dass Frauen stark sind, steht außer Frage. Aber warum müssen sie dabei hart werden? Vielen ging im Zuge der Emanzipation Emotionalität und Verletzlichkeit verloren. Dabei sind Empathie und Emotionalität so wichtig im Miteinander. Der Mensch ist ein emotionales Wesen – wie arm wäre die Welt ohne Feingefühl? Frauen, die das zu leugnen versuchen und denken, sie müssten sich andauernd behaupten, so wie es die Gesellschaft einst den Männern aufgebürdet hat, werden irgendwann zusammenbrechen. Die Unterdrückung der Schwäche geht auf Dauer nicht gut, denn wir sind nicht unkaputtbar – zum Glück. Verletzlichkeit bietet die Chance, sich in andere einfühlen zu können, um dann bedacht und behutsam miteinander umzugehen.

Diese Veränderungen hatten jedoch nicht nur Einfluss auf die Frau. Während diese sich nun eine nicht aufzubringende Stärke abverlangt, wuchs in ihr gleichzeitig die Erwartungshaltung, dass auch der Mann sich ändern müsse. Im Gegenzug sollte er nun die weiblichen Eigenschaften annehmen, zerbrechlich, emotional, fürsorglich, hingebungs- und gefühlvoll, also auch verletzlich sein. Seine Stärke, die immer noch ihr Schutzbedürfnis erfüllt, sollte er dabei natürlich nicht verlieren.

Je stärker die Emanzipationsbewegung in der Gesellschaft vordrang, desto komplizierter wurde es – für das

Miteinander von Mann und Frau, aber auch für das eigene Rollenverständnis. Für Männer ist es vielleicht sogar schwieriger als für Frauen, denn der Mann weiß nicht mehr, was er sein soll. Er fragt sich, welche Position er einnehmen soll. Eher der gefühlvolle Typ, der gut zuhören kann, oder der starke Versorger, der seine Familie ernährt? Diese Ungewissheit beängstigt ihn. Er weiß nicht mehr, woran er ist. So wie Frauen beim ersten Kennenlernen eines Mannes abklären, ob er ihr Schutz bieten kann, stellen sich die Männer die Frage: Welche Position darf ich bei der Frau einnehmen? Das ist ziemlich vertrackt, weil er die Antwort darauf vielleicht niemals erhalten wird - die Frau kennt sie nämlich oft selbst nicht.

Frauen besitzen etwas, das bei Männern selten ist: Intuition. Diese funktioniert wie ein emotionales Navigationssystem, das ihr sagt, welches Verhalten angebracht ist und welches nicht. Daher dürfen sich Frauen je nach Situation erlauben, gefühlvoll zerbrechlich zu sein oder eben auch stark und hart. Sie leben all diese Facetten mit einer großen Selbstverständlichkeit aus. Für Männer wiederum ist das ein Problem: Je deutlicher eine Frau ihre Haltung vertritt und je klarer sie eine Vorstellung von dem hat, was sie möchte - und das kann alles sein, von den Schuhen, die sie tragen will, über die Wandfarbe im Wohnzimmer bis hin zum Job -, desto deutlicher suggeriert sie dem Mann, sie hätte einen festen, unverrückbaren Plan von allem. Naheliegend geht nun der Mann davon aus, sie hätte einen genauso klar konturierten Plan davon, welche Art Partner sie gerne hätte. Dass er Sorge hat, diesen Ansprüchen nicht gerecht werden zu können, ist allzu verständlich. Der Mann, der all ihre utopischen Anforderungen erfüllen können soll, muss ein Superman sein. Aber wer ist das schon?

Statt Forderungen und Gegenforderungen aufzustellen, Erwartungshaltungen und Versagensängste aufzubauen, wäre es klüger, die Sturkopfmentalität abzulegen! Mein Tipp zum Geschlechterkonflikt: Verzichtet die Frau auf

＂

Ich habe das Gefühl,
dass ich mit jedem Jahr,
das ich älter werde,
nicht unbedingt weiser,
sondern unverschämter
werde.

＂

die Position der forschen Jägerin, bedeutet das nicht, dass sie die Kontrolle abgibt. Vielmehr eröffnet sie damit dem Mann eine Chance, auf sie zuzugehen - ohne Angst haben zu müssen, barsch zurückgewiesen zu werden. Das bedeutet nicht, dass sie ihre Gleichstellung aufgibt. Ich erachte es allerdings psychologisch und gesellschaftlich für ungesund, Männern in allen sich bietenden Gelegenheiten jegliches Zepter aus der Hand zu nehmen. Die wichtigste Errungenschaft der Emanzipation ist - das finde ich richtig und wichtig -, dem Mann seinen stärksten Vorteil genommen zu haben: Wir sind nicht mehr von ihnen abhängig.

Allerdings sind manche Männer noch weit davon entfernt, damit klarzukommen. Aber das ist nicht unser Problem! Dennoch wollen wir auf Männer im Allgemeinen nicht gänzlich verzichten - und das bedeutet, dass wir die Tür öffnen müssen. Die größte Schwäche des Mannes ist die Frau. Er braucht uns für Verletzlichkeit, Liebe und das bisschen Herz im Leben, das es erst so wirklich lebenswert macht. Also sollten wir zusammenfinden, aufeinander zugehen. Dabei sollten alle Beteiligten ihre jeweiligen Stärken mitbringen dürfen.

Ich persönlich bin ein Mädchen-Mädchen und habe das Gefühl, dass meine Art des extrem Weiblichen in der deutschen Mentalität immer noch als etwas Anstößiges gesehen wird. Ich werde schnell als dumm, primitiv oder als durchsetzungsunfähig abgestempelt. In Wahrheit haben diese Menschen jedoch noch nichts davon verstanden, warum Frauen und Männer so ticken, wie sie ticken. Das ist meine Art, den Geschlechterkonflikt aufzulösen. Ich lasse den Mann den Eroberer und Jäger spielen. Dass ich am Ende aber den Ton angebe, wird er so schnell nicht merken. Ich kann das nämlich ganz gut verpacken ...

„Liebe Nicolette, ich, männlich, hatte neulich ein Date mit einer Frau, wir haben heiß rumge- knutscht. Danach konnte man auf meiner beigefar- benen Hose einen nassen Fleck erkennen. Muss mir das peinlich sein?"

Meine Antwort

Das ist deine Vorfreude, mein Lieber. Ich sag dir ehr- lich, lieber hängt es in der Hose als bei mir im Mund. Für Frauen, die viel mit reiferen Männern zu tun haben, sind eine Erektion und ein bisschen Ausfluss immer schon die halbe Miete. Da bin ich happy.

DIRTY-DONNERSTAG-SHORT

Nicolettes Weisheit:

ZURÜCKHALTUNG

„Wir haben zwei Ohren, damit wir besser hören. Wir haben zwei Augen, damit wir mehr sehen. Aber wir haben nur einen Mund, damit wir nur halb so viel reden." - Diese Weisheit hätte ich besser bereits vor zwanzig, fünfundzwanzig Jahren selbst beherzigen sollen. Worte können viel Positives bewegen, aber sie können auch verletzen. Sie sind Waffen und haben einen erheblichen Einfluss. Obwohl ich das heute weiß, ist meine Zunge manchmal immer noch schneller als mein Gehirn. Mein Mundwerk hat mich schon öfter in Schwierigkeiten gebracht. Allerdings ist nicht immer meine Meinung gefragt - und wenn man nicht gefragt wird, ist Zurückhaltung eine clevere Sache. Mein Rat: Lass es manchmal einfach gut sein, und balle die Faust in der Tasche - ohne dir dabei den Mund zu verbrennen.

3

über mich

über mich

Berufung

Alles, was ich mir jemals für mein Leben erträumt habe, ist Wirklichkeit geworden. Natürlich war da keine Fee, die ihren Zauberstab geschwungen hat, und - puff - gingen all meine Wünsche in Erfüllung. Möglich wurde das alles, worauf ich mit Stolz und großem Glücksgefühl schauen kann, durch die Kraft des Fakens. So tun als ob - und das im ganz positiven Sinne.

Ich habe immer so getan, als wären all meine Träume längst Realität - wie ich sein möchte, was ich tun und in welchen Kreisen ich mich bewegen möchte. Irgendwann ist es dann tatsächlich so eingetreten. Alles, was du dir im Kopf genau vorstellen kannst für dein eigenes Leben, kann irgendwann Realität werden, denn du strebst unbewusst darauf zu und tust automatisch alles dafür, diese Träume zum Leben zu erwecken.

Das Leben ist keine Show.

Ich kenne viele Leute, die von sich sagen, sie lebten, als wären sie ein berühmter Hollywoodstar oder entstammten einer Adelsfamilie. Sie richteten sich dementsprechend in ihrem Leben schön ein, veränderten ihre Körperhaltung, ihre Ausdrucksweise, ihre Manieren, ihr gesamtes Auftreten - und das führte dazu, dass sich das Leben dann so arrangiert hat, wie sie es ursprünglich gewollt hatten. Diese Einsicht habe ich mir bereits früh zu eigen gemacht und mich darauf fokussiert - ein wichtiger Baustein für meine Karriere. Im Übrigen ist das die Laufbahn und das Leben, die mir viele Menschen schon absprachen, bevor ich die ersten Schritte getan hatte.

Kennst du das? Du möchtest eine Idee verwirklichen,

hast eine Vorstellung davon, was dich glücklich machen, was dich erfüllen könnte – und dann kommen die Zweifler, Nörgler und Neider, die dir jegliche Energie rauben und dich davon abhalten (wollen), deine Pläne in die Tat umzusetzen. Diese Menschen gab es auch in meinem Umfeld. Das waren diejenigen, die mich ermahnten, dass das Leben doch keine Show sei und ich mich nicht immer in den Mittelpunkt drängen solle. Dabei hat sich ein Satz in mein Gedächtnis förmlich eingebrannt, weil er mich zu dem Zeitpunkt so wütend machte: „Du willst dich nur inszenieren, und Selbstdarstellung ist nicht der Weg, um irgendetwas auf die Reihe zu bekommen." Dieser Satz saß, obwohl ich mir diesen Schuh nicht anziehen wollte. Aber natürlich gab es auch bei mir Zeiten, in denen ich nicht immer gleich die passende Antwort parat hatte. Heute kann ich sagen: Hätte ich auf diese „Ratschläge" gehört, wäre mein Leben nicht nur völlig anders verlaufen, sondern ich wäre abgestürzt und an meiner Berufung vorbeigeschlittert.

Deshalb möchte ich – nicht zuletzt auch mit diesem Buch – all diejenigen aufbauen, die eine Vorstellung von sich selbst haben. Lasst euch nichts ausreden, und glaubt bloß niemandem, der euch weismachen möchte, dass aus euch nichts werden wird! Ich bin überzeugt, es gibt viele versteckte Talente da draußen, die nur darauf warten, ihre Chance zu bekommen und zu ergreifen. Sie haben vielleicht niemanden, der sie bestärkt. Stattdessen werden sie heruntergezogen und in ihren Möglichkeiten begrenzt. Ihre Träume liegen brach. Aus tiefster Überzeugung sage ich: Das Leben ist eine Bühne, und jeder hat das Recht, sie so zu nutzen, wie sie oder er mag!

Diesen Rat habe ich zum Glück selbst früh bereits beherzigt. Schon immer habe ich meine Witzchen gemacht und Geschichten erzählt. Ja, ich war der Klassenclown. Na und? Jetzt verdiene ich mit meinen humorvollen Geschichten Geld. Ich habe meine Berufung als Comedienne gefunden. Und um noch deutlicher zu werden: Heute lebe

" Beruflich habe ich irgendwie schon alles gemacht - außer Pornos gedreht. Würde man fremde Leute fragen, was sie glauben, was meine Berufung sei, würden sie sicherlich antworten, dass ich noch gar nichts gemacht hätte - außer Pornos gedreht zu haben. **"**

ich meine Berufung und habe damit sogar ein mehr als einträgliches Einkommen - allen Zweiflern zum Trotz.

Liebe

Da ich häufig während des *Dirty Donnerstags* erzähle, ich sei derzeit nicht auf der Suche nach der großen Liebe, glauben viele, ich würde jedem anderen den Wunsch nach einer Beziehung ausreden wollen. Schlimmer noch, ich würde nicht daran glauben, sondern stattdessen pessimistisch auf Zweisamkeit blicken und die erfüllende Liebe zwischen zwei Menschen für ein Ammenmärchen halten. Tatsächlich aber ist das Gegenteil der Fall!

Auf meiner linken Hand zwischen Zeigefinger und Daumen habe ich mir vor einigen Jahren ein Tattoo stechen lassen. Es zeigt zwei Menschen - einen Mann und eine Frau. Sie halten sich an den Händen, und über ihnen schwebt ein Herz. Dieses Symbol trage ich ganz bewusst an dieser für alle sichtbaren Stelle, denn es ist ein Statement, das ich nicht verstecken möchte. Ich bin kein gläubiger Mensch, aber es gibt eine Sache, an die ich aus meinem tiefsten Inneren heraus glaube: die Liebe zwischen Menschen. Sie ist magisch, inspirierend und befreiend. Sie bringt die besten Seiten von Mann und Frau hervor, beflügelt und lässt alles erstrahlen. Sie macht alles schöner und errettet uns. Die Liebe ist unglaublich spannend - und für mich die stärkste Energie im Universum. Deshalb beschäftige ich mich so gerne und so intensiv damit. Dass mein Tattoo zwei Menschen zeigt und eine Partnerschaft zwischen Mann und Frau symbolisiert, ist dabei unerheblich. Es ist nur stellvertretend zu verstehen für all die unterschiedlichen Formen der Liebe, die uns Menschen verbindet - ob die partnerschaftliche Liebe zwischen Erwachsenen, gleich welchen Geschlechts, oder andere Arten. Wir brauchen die Liebe so sehr zum Leben wie Luft und Nahrung.

„Wenn du nicht mehr weißt, was zu tun ist, frage dich, was würde die Liebe jetzt tun?" - eine wundervolle Weisheit von Laura Malina Seiler.

Laura Malina Seiler hat es für mich unübertroffen auf den Punkt gebracht: Siehst du dich einem Konflikt gegenüber und suchst einen Ausweg, solltest du die Liebe als Kriterium nehmen. Sie führt niemals zur falschen Antwort.

Für mich war es bereits früh ungeheuer wichtig, mich mit diesem Thema zu beschäftigen. Vielleicht, weil ich durch meine Transsexualität schon in jungen Jahren einen inneren Konflikt mit den Geschlechtergrenzen verspürte. Ich musste mir darüber klar werden, um meinen eigenen Weg zu erkennen. Für vieles musste ich härter kämpfen als andere - auch und gerade für Anerkennung, Respekt und Liebe. Das mag der Grund sein, warum ich die Idee von Beziehung so spannend finde und es mir so lohnenswert erscheint, Verhaltensmuster und die Psychologie zwischen Mann und Frau zu ergründen.

In den vergangenen Jahren habe ich mich viel damit auseinandergesetzt, inzwischen tue ich es täglich und verschlinge förmlich sowohl wissenschaftliche Studien, Fachartikel als auch -bücher zu dem Thema. Diese ständige Suche nach Antworten liegt in mir, denn schon immer habe ich alles hinterfragt und andere mit Fragen gelöchert. Verstehe ich die Zusammenhänge besser, fällt es mir leichter, damit umzugehen. So habe ich eine ganz eigene Einstellung zu den Themen Liebe und Beziehung entwickelt - offenbar eine Haltung, die andere so sehr fasziniert, dass sie mich nach meiner Meinung fragen.

Beziehung

Wie wir Liebe und Beziehung sehen, ist - wie vieles andere - davon geprägt, welche Werte uns unsere Eltern und unsere Familie durch ihr Vorbild mitgegeben haben. Ich möchte vorsichtig behaupten, dass das, was ich beim Heranwachsen zu Hause erlebt habe, heute nicht mehr meiner Idealvorstellung von Beziehung entspricht. Aber - und dafür bin ich sehr dankbar - ich durfte wahre Liebe erfahren und das, was nicht dazu gehört. Durch Positives und Negatives konnte ich mir mein eigenes Bild davon machen und mir bewusst werden, wie sich Liebe zwischen zwei Menschen gestalten sollte.

Obwohl ich also weiß, welche positiven Seiten Beziehungen haben können, schließe ich sie für mein persönliches Leben derzeit aus. Einfach deshalb, weil ich mir irgendwann eingestanden habe, wie viel ich noch erleben oder erschaffen möchte, und nicht, weil ich eine Partnerschaft prinzipiell ablehne. Sie steht auf meiner Prioritätenliste aktuell nur nicht ganz oben.

Wie ich anhand der Reaktionen auf diese deutliche Aussage erfahren musste, ist das immer noch eine Seltenheit. Aber schließlich werde ich für meine offenen Worte geschätzt. Deshalb rate ich allen, die ähnlich wie ich empfinden: Es ist in Ordnung, so zu fühlen und das auch zu sagen. Unsere Gesellschaft bringt nach wie vor denjenigen mehr Anerkennung entgegen, die mit Mitte dreißig verheiratet sind und eine Familie gegründet haben, als jenen, die ihr Singleleben auskosten.

Mein oberstes Ziel ist es, glücklich zu sein. Ich möchte mich nicht verbiegen, anpassen oder auf einen Partner Rücksicht nehmen müssen. Mein Glücklichsein ruht in mir, in meiner eigenen Kreativität und darin, mein Leben so zu gestalten, wie ich es möchte. Dazu benötige ich keinen Gegenpart. Das bedeutet jedoch nicht, dass ich nicht trotzdem Lust habe, mich zu verlieben.

Selbstwert

Es gab einen Punkt in meinem Leben, an dem ich mich gefragt habe, warum ich in die Welt gesetzt worden war. Bin ich hier, um irgendjemandem einen Gefallen zu tun? Bin ich auf dieser Welt, um Schmerz und Enttäuschung zu ertragen? Daraufhin habe ich für mich festgelegt, was Liebe eigentlich bedeutet und wie Beziehung funktioniert. Nach einem langen und zum Teil sehr schmerzhaften Prozess kann ich sagen: Eine Beziehung kann viele Ausformungen haben. Niemals sollte sie bedeuten, dass man einen Zustand ertragen muss, der den eigenen Selbstwert und die Selbstachtung angreift oder gar zerstört.

Alles im Leben besteht aus Beziehungen. Kommt jemand zu dem Schluss, sein Leben ist beschissen, dann ist eine Beziehung aus den Fugen geraten – sei sie zum Job, zur Familie, zum Partner oder zu sich selbst.

Ich habe eine gesunde Einstellung sowohl zu anderen Menschen als auch zu meinem eigenen Selbstwert, und ich glaube, dass das das A und O ist: zu wissen, welchen Wert ich habe.

Beim Daten lernst du einen anderen Menschen kennen, vor allem aber lernst du dich selbst kennen. Meine Datingerfahrungen waren nicht nur lustig, heiß, spannend, doof, aufregend, herzzerreißend, sondern sie haben auch dazu beigetragen, dass ich jetzt die Nicolette bin, die ich nun einmal bin. Streng genommen müsste ich den Männern – so blöd manche Begegnung auch war – Dankeskarten schicken. Denn aus den Flirtsituationen habe ich meine Lehren gezogen: darüber, was ich möchte und was ich nicht möchte.

In jedem einzelnen Beziehungskonflikt habe ich Aufgaben erkannt, Aspekte, an denen ich arbeiten muss. Bin ich besonders eifersüchtig, muss ich mich fragen, woher dieses Gefühl rührt. Setze ich zu hohe Erwartungen in jemanden, muss ich auch diesem Gefühl nachspüren. Meist sind es

Defizite, die in uns schlummern. Bin ich permanent genervt vom anderen, ist die Beziehung zu mir selbst in eine Schieflage geraten. Deshalb führen wir immer dann die beste Beziehung, wenn wir schon recht erfüllt sind – wenn alles stimmig ist und der andere quasi das Sahnehäubchen in unserem Leben ist.

Die vielfältigen Erfahrungen mit dem anderen Geschlecht möchte ich nicht missen. Denn ohne sie hätte ich nicht das Leben, wie ich es jetzt führe. Es gibt Menschen, die seit zwanzig Jahren denselben Partner an ihrer Seite haben. Das ist okay, solange beide glücklich damit sind. Natürlich kann es sein, dass sie etwas verpasst haben, weil sie mit ihrer Jugendliebe alt werden. Die Frage ist immer nur, was haben sie verpasst – tolle Begegnungen oder schlechte Dates?

Mir persönlich tat die Abwechslung gut, auch weil ich viel über Menschen gelernt habe. Heute date ich anders als mit Anfang zwanzig: Meine Rendezvous sind gediegener, bewusster, aber auch schwieriger, weil ich mehr Erfahrungen mitbringe. Heute würde kein Mann mehr wagen, mir gegenüber unsittlich zu werden, oder zumindest würde ich anders reagieren. Früher habe ich herumgedruckst, wenn mich etwas an einem Mann gestört hat – heute sage ich geradeheraus, respektvoll und höflich, was mir nicht passt, weil das Ausdruck meiner Selbstachtung ist.

Transsexualität

Ich bin transsexuell. Wie sehr ich mir früher um dieses Thema einen Kopf gemacht habe! Immer dann, wenn ich einen Mann kennengelernt habe, habe ich mich um die Fragen gedreht: „Wann sage ich es ihm? – Wie sage ich es? – Und wie verpacke ich diese Nachricht, die ihn vielleicht aus der Bahn wirft, so schmackhaft, dass er sich bloß nicht von mir abwendet?" Ich war der Meinung, ich müsste mich verbiegen und die attraktivste Frau sein, nur um meine Transsexualität wettzumachen.

Heute kann ich mich nur über mein damaliges Ich wundern. Mein hoher Bekanntheitsgrad war sicherlich hilfreich, um zu dieser Erkenntnis zu gelangen. Treffe ich jetzt Männer, haben die meisten mich schon gegoogelt. Sie kennen meine Geschichte, meine Erfolge und jeden Presseschnipsel, der je über mich veröffentlicht wurde. Sie wissen alles von mir - so denken sie zumindest. Aber ich genieße das eigentlich, denn das nimmt mir solch eine Last von den Schultern. Die Spucke für lange Erklärungen kann ich mir sparen.

Ich habe kein Schamgefühl mehr wegen meiner Geschichte, ich erkläre mich nicht und ich mache mich nicht mehr klein deswegen.

Früher war ich so wenig selbstbewusst, dass ich mich auf Diskussionen über meine Transsexualität eingelassen habe. Aber was soll man da eigentlich diskutieren? That's the way it is. Würde das heutzutage ein Mann mit mir erörtern wollen, würde ich abwinken und das Gespräch gar nicht erst führen.

Dem McDonald's-Karsten würde ich den Vogel zeigen. Er hieß so, weil er auf Facebook alle Frauen der Stadt angeschrieben hat, um sie - nobel, nobel - zu einer Fahrt durch den McDrive einzuladen - auf einen Milchshake. Auch ich war irgendwie auf seiner Liste. Sein Ziel und sein Programm waren immer das gleiche: Frauen, die er mit dem Getränk betört hatte, wollte er anschließend im Kofferraum begatten. Und ich war tatsächlich hinter ihm her. Warum genau, erschließt sich mir nicht mehr, denn er war weder besonders heiß noch hatte er, wenn ich den Erzählungen anderer Mädels Glauben schenken darf, eine besondere Gabe. Und dennoch ließ ich mich darauf ein. Also rein in den Drive-in, bitzelnd eisigen Vanillemilchshake schlürfen und dann, tja, dann hatte er tatsächlich die Unverfrorenheit, mir ins Gesicht zu sagen: „Was denkst du denn, was aus uns werden könnte? Du kannst ja nicht mal Kinder kriegen."

Heute würde ich mich unter keinen Umständen mehr derart demütigen lassen. Ich muss für niemanden irgendetwas sein - weder besonders schön, besonders gut im Bett, besonders klug oder die Traumfrau aller Traumfrauen. Das alles mag ich vielleicht sein, aber eben nur ganz allein für mich. Welch ein Kampf das früher war: immer darauf erpicht, mein „Schicksal" kompensieren zu wollen, aus der Sehnsucht nach Respekt, Akzeptanz und Anerkennung heraus.

Heute weiß ich, wer ich bin, was ich geschafft habe. Niemand muss sich für sich selbst rechtfertigen. Wenn du jemanden kennenlernst und diese Person hoffentlich offen und ehrlich ist, kannst du aus freien Stücken entscheiden, ob du mit ihr Zeit verbringen möchtest oder nicht. Gehst du eine Beziehung, welcher Art auch immer, mit dem Grundgedanken ein, du müsstest ständig an dir herumschrauben, nur um der anderen Person zu gefallen, dann vergiss es: Das ist böse, teuflisch und toxisch - das wäre pure Selbstmisshandlung.

Ich bin nicht in einem weiblichen Körper geboren worden, habe mich jedoch immer als Frau gefühlt. Daher habe ich mich operieren lassen, um als Frau leben zu können und auch so wahrgenommen zu werden. Wo ist da das Problem? Jeder heute lebende Mensch sollte wissen, dass transsexuelle Menschen existieren. Tut er das nicht, lebt er schlicht auf einem anderen Planeten. Doch es liegt nicht in meiner Verantwortung, wenn es Personen gibt, die derart blind durch die Welt laufen. Meint jemand, er könnte mit mir keine Beziehung eingehen, weil er sich für mich vor seiner Familie, seinen Freund*innen, seinen Kolleg*innen schämen würde, dann ist das ohnehin niemand, mit dem ich in irgendeiner Weise zusammen sein möchte. Ich schäme mich nicht mehr für mich! Das war ein langer Weg, aber ein heilsamer Weg.

Heilung

Sprechen wir über meine Schönheitsoperationen - und das waren einige. Viele verfolgen das mit Häme. Sie denken, sobald ich mich morgens im Spiegel sehe, würde ich angesichts meiner Erscheinung heulend zusammenbrechen. Das vermuten sie als wahre Motivation dafür, warum ich mich so häufig unters Messer lege. Sicherlich tue ich immer noch vieles, weil ich das Bedürfnis habe, etwas kompensieren zu müssen. Vieles in mir muss noch heilen. Im Übrigen bin ich der festen Überzeugung, dass das ganze Leben eine Heilung ist. Und so seltsam es klingen mag: Viele der Eingriffe mit dem Skalpell haben zu dieser - meiner - Heilung beigetragen. Sie haben - und da ist meine Ausgangssituation eine andere als bei Frauen, die in einem weiblichen Körper auf die Welt gekommen sind - mir viel Seelenfrieden gebracht.

Heute lasse ich mich operieren - da gebe ich allen, die es wissen wollen, Brief und Siegel darauf -, weil ich es möchte. Meine Operationen mache ich ganz allein für mich und nicht mehr, damit irgendein Mann mein Äußeres zum Anbeißen findet. Diese Zeiten sind lange vorbei.

„Du solltest dich ranhalten mit deinen Schönheits-
operationen, damit du auch immer gut aussiehst.
Für mehr wird es nicht reichen in deinem Leben."
Zitat eines Ex-Freunds

Die Leute mögen mich - gleichgültig, ob ich fünfzig oder siebzig Kilo wiege, ob meine Nase krumm oder gerade ist, ob mein Oberarm mitwinkt oder straff überm Muskel spannt. Das habe ich längst gelernt. Und ich habe die Chirurgen nicht erst an mich rangelassen, seit ich in der Öffentlichkeit stehe und im Supermarkt erkannt werde. Die erste OP liegt weit länger zurück - da stand Nicolette noch gar nicht auf der Showbühne.

Mein ganzes Leben lang meinten Menschen, mich kritisieren zu müssen. Habe ich früher mit Puppen gespielt, haben sie mich angefaucht, ein Junge dürfe das nicht. Das Gleiche an Karneval: Prinzessinnenkleider seien nur für Mädchen. Dabei hätte dieser glitzernde, mit Pailletten besetzte Stoff so gut an mir ausgesehen!

Solche harschen Zurückweisungen machen vieles kaputt in einer (kindlichen) Seele, auch wenn sich Erwachsene dessen nicht immer bewusst sind. Aber wenn dir jemand ständig sagt, du und dein Verhalten seien nicht in Ordnung, dann glaubst du es irgendwann und versuchst, deine angeblichen Defizite auszugleichen. Und das gilt ebenso für Erwachsene.

Heute weiß ich: Tust du etwas nicht nur, um irgendwo hineinzupassen, bekommst du eine ganz andere Perspektive darauf. Denn der ausschlaggebende Punkt ist nicht, dass du hundertprozentige Liebe für dich empfinden und ständig daran arbeiten musst, mit einer weiteren Optimierungsstufe noch ein wenig glücklicher zu werden. Dieses Ziel ist schlicht unerreichbar, denn es wird immer etwas an dir geben, womit du unzufrieden bist. Es ist klüger, wenn du akzeptierst, dass du heilen musst. Ich mache mir zum Beispiel keinen Kopf mehr darüber, dass ich nicht perfekt bin. Auch nicht bei Dreharbeiten, wenn der Tonmann das Rauschen hört, weil ich mit dem Mikroknopf am Dekolleté auf die Toilette muss und alle Geräusche in höchster Audioqualität übertragen werden. Es ist für mich inzwischen nicht mehr relevant, dass es nicht allen schmeckt, wenn ich nicht politisch hyperkorrekt bin. Mir ist es viel wichtiger, eine Haltung zu haben - das ist leider selten genug geworden in unserer Zeit. Ich werde nie perfekt sein! Das wäre viel zu langweilig.

Auch heute habe ich noch meine schwachen Momente. Dieses Gefühl aus meiner frühesten Kindheit, ich oder etwas an mir wäre nicht in Ordnung, das verfolgt mich manchmal noch. Das sind traurige Augenblicke, in denen ich mich ungeliebt fühle - eine der schlimmsten Empfindungen. Dann frage ich mich, ob ich zu meinen Freundinnen wirklich dazugehöre, ob mich andere Frauen als Frau akzeptieren. Natürlich sehne ich mich danach. Ich möchte von anderen nicht nur für den Pausenclown gehalten werden, den du einlädst, um lustige Geschichten zu hören und eine gute Show geliefert zu bekommen.

Menschen, die mich persönlich kennen, die mir nahestehen, können mich am tiefsten verletzen. Es gab mal diese Szene in einer Boutique, in der ich einen traumhaften Blazer anprobiert habe. Sehr chic. Ich konnte mir gut meine hellblaue Seidenbluse darunter vorstellen, elegant kombiniert mit einem Bleistiftrock. Leider waren die Ärmel zu kurz. Die Freundin, die mich beim Shoppen begleitete, kommentierte unbedacht: „Nicolette, die Ärmel sind zu kurz, weil du Männerarme hast." Dieser Satz ist wahnsinnig verletzend! Sie hat das nicht in böser Absicht gesagt. Sie konnte sich nicht in mich hineinversetzen. Sie weiß nicht, wie es ist, in meiner Haut zu stecken, und weiß deshalb auch nicht, auf welche Äußerungen ich besonders sensibel reagiere. Wirst du verletzt, müsst ihr miteinander sprechen. Du musst versuchen, der anderen Person verständlich zu machen, wie du eine bestimmte Situation empfunden hast.

Mittlerweile habe ich erkannt, welche Menschen ich ganz nah bei mir haben möchte und welche ich besser immer leicht auf Abstand halte. Damit kann ich Verletzungen möglichst von vorneherein vermeiden. Denn nur weil ich stark bin, bedeutet das nicht, dass ich keine Emotionen habe. Starke Menschen sind nur deshalb stark, weil sie diese oft unter Kontrolle haben und wissen, wie viel sie sich zumuten können.

＂

Es gibt Menschen, die
schauen mich an und
glauben, ich habe Ähnlich-
keit mit dem kleinen, süßen
schwedischen Mädchen -
mit den zwei Zöpfen und
den Sommersprossen.
Aber in Wirklichkeit habe
ich nicht viel gemein mit
Greta Thunberg.

＂

Weiterentwicklung

Wer sich nicht weiterentwickelt, bleibt auf der Stelle stehen oder macht letztlich sogar Rückschritte. Die Erkenntnis, meinen Horizont erweitern zu müssen und dazuzulernen, war für mich lebensnotwendig. Und das meine ich nicht im übertragenen Sinne.

Falls du dich auch weiterentwickeln möchtest, gebe ich dir einen Tipp, den ich selbst beherzige: Lies Bücher, in der eine Meinung vertreten oder diskutiert wird, die nicht deiner eigenen entspricht. Konfrontiere dich selbst mit Themen, mit denen du bisher nie in Berührung gekommen bist. Machst du das regelmäßig, bist du bald auf einem anderen mentalen Level.

Es gibt viele Menschen, die es sich unter ihrer Käseglocke gemütlich gemacht haben und sich nie mit Neuem, Ungewohntem, Überraschendem beschäftigen. Sicher habe auch ich Themen, die mich interessieren, und wiederum andere, die es nicht tun. Trotzdem versuche ich, möglichst breit gefächert Bescheid zu wissen. Diese Grundhaltung gilt übrigens nicht nur für Faktenwissen, sondern beschreibt eine innere Einstellung, wie man auch anderen Menschen begegnen sollte.

Selbst meine eigene Mutter hat sich noch nie mit dem Thema Transsexualität auseinandergesetzt, das muss ich leider so sagen. Ich liebe sie und sie ist zum Beispiel eine ungemein tüchtige, kluge Geschäftsfrau. Dennoch glaubt sie sicher bis heute, dass mit dem Tag meiner geschlechtsangleichenden Operation alles gut geworden sei. Dass es nun keinen Grund mehr gäbe, traurig zu sein. Dass nun alle Probleme auf einen Schlag gelöst worden wären.

Wir gehen ständig davon aus, unseren Mitmenschen würde es gut gehen. Das ist ein Fehler. Weißt du, welche deiner Freundinnen abends nicht doch schlaflos im Bett liegt, weil sie vor Kummer weint? Da ich beruflich erfolgreich bin und mir auch mal den ein oder anderen Wunsch erfüllen kann, denken alle, mir ginge es immer hervorragend. Das ist dieses Rockstar-Phänomen. Aber wie viele dieser Rockstars sind schon tot im Hotelzimmer aufgefunden worden – mit einer Überdosis intus? Alle glauben, wenn es nach außen hin funkelt, ist innen drin ebenfalls alles in Ordnung. Wir beschäftigen uns nicht mit Sachen, die uns nicht betreffen, sondern verschließen allzu voreilig die Augen davor.

Ich entscheide, wer kommt und geht.

Mich weiterzuentwickeln, hat mich gerettet. Um wie Phönix aus der Asche zu steigen, brauchte es allerdings einen sehr tiefen Fall. Allein schon der Gedanke an diese Zeit schmerzt mich immer noch.

Es ist schon einige Jahre her, aber es gab eine Zeit, in der ich ein gravierendes Drogenproblem hatte. Psychisch war ich am Ende, weil ich glaubte, ich sei ein einziger großer Fehler. In mir gab es keinen Funken positives Gefühl mehr, daher flüchtete ich mich in die Sucht. Aber irgendwann fiel alles wie ein Kartenhaus in sich zusammen und ich musste in eine Klinik. Das ist bis heute eines der wichtigsten Erlebnisse in meinem Leben: Zum ersten Mal musste ich runterfahren, zur Ruhe kommen und meinen eigenen Resetknopf finden – ganz ohne Fernseher, Handy, Computer und Kontakt zur Außenwelt. Tag für Tag saß ich mit einer kleinen Gruppe Menschen zusammen, die vom Leben gezeichnet waren. Mein Leben drehte sich um Therapiestunden, stundenlange Spaziergänge und wahnsinnig viel Schlaf – so viel wie nie zuvor. Dieser Rhythmus wurde nur zweimal in der Woche davon unterbrochen, dass ich zum Stationsoberarzt musste.

Dieser Psychiater verstand genau, was in mir vorging, was mich bewegte und woher all die Wunden auf meiner Seele stammten. Nie werde ich seine Worte vergessen: „Nicolette, Sie wissen noch gar nicht, wer Sie sind, was Sie sein möchten, in welche Richtung es geht. Sie haben sich mit allem beschäftigt. Damit, wie Sie aussehen, mit wem Sie Zeit verbringen, was Sie darstellen, aber noch nie mit sich selbst. Noch nie mit dem, was in Ihnen los ist." Kennst du das Gefühl, wenn in einem stockfinsteren Raum plötzlich eine helle Lampe aufleuchtet? Es tut wahnsinnig in den Augen weh, aber zugleich bist du froh, endlich wieder etwas sehen zu können. Dieses Gespräch mit dem Oberarzt hatte einen solchen Effekt bei mir. In diesem Moment lernte ich, dass es sich im Kern nur um mich dreht.

Wenn ich nicht so tief gefallen wäre, dann wäre ich nicht da, wo ich jetzt bin.

Ich habe vieles getan, das mich sehr verletzt hat. Ich habe mich geschunden und misshandelt, aber dieser Klinikarzt hat mir einen Weg gezeigt, damit aufzuhören. „Was soll denn schon passieren?" - dieser Satz war der Anker, den er für mich auswarf. Über alle möglichen Konsequenzen habe ich mir Gedanken gemacht, habe hin und her überlegt, abgewogen. Wofür das alles? Niemand kommt und erschießt dich, nur weil du deine Entscheidung so oder eben doch anders triffst. Das war ein wichtiger Lernprozess - der Beginn meiner Weiterentwicklung und Heilung.

Vielen jungen Menschen geht es genauso wie mir damals. Sie spüren sich nicht, wissen nicht, wohin mit sich. Ich war im Zuge von Dreharbeiten nach langer Zeit wieder einmal in einem Kölner Café für Jugendliche der Homosexuellen- und Trans-Community. Gerade dann, wenn junge Menschen ihre Persönlichkeit entdecken, fühlen sie sich der Szene noch nicht richtig zugehörig, sondern sind voller Ängste. Aber dort finden sie einen Platz. Sie können Billard spielen und eine Cola trinken und haben Ansprechpartner*innen und Pädagog*innen zum Reden. Hier sind Erwachsene, die damit vertraut sind, welche Nöte ein Outing bedeuten kann - wenn der Vater vielleicht krakeelt, Schwule seien das Allerletzte. Sie bestärken die Jugendlichen in dem Wissen, dass an ihnen überhaupt nichts falsch ist, sondern nur an denjenigen, die sie dafür verurteilen, wen sie lieben.

Es tat so gut zu hören, dass ich okay bin, so wie ich bin.

Der Besuch in diesem Café hat mir vor Augen geführt, welcher Weg bereits hinter mir liegt, welche Hürden ich schon genommen habe - und das erfolgreich. Ich habe mich dort daran erinnert, welches Gefühl ich damals hatte, als ich nicht wusste, wohin mit mir. Es tat so gut, jemanden sagen zu hören, dass ich okay so war, wie ich war. Das macht mich heute noch melancholisch, mich zu erinnern, wie verloren ich dort saß und mich an einer Limo festklammerte.

Inzwischen gibt es Medien, das Internet, Menschen, die zeigen, in welcher Vielfalt man seine Persönlichkeit leben kann. Damals gab es noch keine trans Blogger*innen. Aber solche Vorbilder helfen, den eigenen Weg zu finden. Und diesen Weg gibt es immer! Es ist mir wichtig, dass jeder, der ähnliche Konflikte mit sich austrägt, weiß, dass alles in Ordnung ist und alles gut werden wird. Menschen, die dich abwerten wollen, haben nichts in deinem Leben verloren. Sie werden dich nie verstehen.

Selbst für mich - nach all diesen positiven Wendungen - ist es immer noch ein riesengroßer Unterschied, ob ich mich mit meinen Freundinnen treffe, die das gleiche Schicksal hinter sich haben wie ich, oder mit anderen Freundinnen. Die Basis ist eine ganz andere. Sie verstehen den Schmerz und die Qualen, weil sie sie durchlebt haben.

Eine Freundin meinte einmal, als ich über starke Kopfschmerzen klagte, ich würde nicht viel aushalten. Aber sie hat keine Ahnung. Sie wusste nicht einmal ansatzweise, wie viel körperlichen und seelischen Schmerz ich bereits ausgehalten habe. So stark, dass ich mich wundere, heute überhaupt noch auf zwei Beinen laufen zu können!

„Liebe Nicolette, ich bin eine heterosexuelle Frau, verbringe meine Zeit aber am liebsten mit meinen lesbischen Freundinnen. Woran liegt das?"

Meine Antwort

Ich hatte mal eine Show in Hamburg, bei der ein Fanclub von mir saß, der aus fünfzehn lesbischen Frauen bestand. Das war für mich der beste Show-Abend bisher! In der Halle waren drei- bis viertausend Leute, und diese fünfzehn gleichgeschlechtlich liebenden Frauen haben eine richtige Party gemacht. Ich hätte sie am liebsten alle backstage geholt und gesagt: „Wartet, ich ziehe mir gerade ein Paar Turnschuhe an, und dann gehen wir feiern!"

DIRTY-DONNERSTAG-SHORT

„Liebe Nicolette, meinst du, das Alter spielt eine Rolle? In den meisten Fällen ist der Mann älter, aber kann das auch umgekehrt funktionieren?"

Meine Antwort
Natürlich. Wenn ich fünfundfünfzig bin, werde ich so einen riesigen Atombusen haben, komplett blondiertes Haar und lange pinkfarbene Fingernägel. Ich werde aussehen wie Stiflers Mom, und dann suche ich mir nur noch knackige Jungs, die gerade zwanzig Jahre alt sind. Und damit vergnüge ich mich dann.

DIRTY-DONNERSTAG-SHORT

„Liebe Nicolette, eine Frage von einem Heteromann: Ich habe das Gefühl, dass meine Partnerin einen krassen Fußfetisch hat. Sie macht mir immer wahnsinnig viele Komplimente in Bezug auf meine Füße.“

Meine Antwort

Das fragst du mich, die auch einen Fußfetisch hat? Allerdings passiv. Mein Traummann, den ich vom Fleck weg heiraten würde, ist derjenige, der meine Füße liebt. Er wird sie massieren und meine Waden kneten. Ich habe schon einige Erfahrungen gemacht – damals, auf einer einschlägigen Website für diese Vorliebe ... Es gibt Männer, die möchten die ganze Zeit nur mit deinen kleinen Zehen spielen. Einer hat einmal so heftig an meinen Zehen gelutscht, dass mir der Nagellack abgeplatzt ist!

DIRTY-DONNERSTAG-SHORT

Nicolettes Weisheit:

HUMOR

Über mich lachen konnte ich früher überhaupt nicht. Ich war gefangen darin, mehr Scham als Zufriedenheit zu spüren, mehr Scham als Selbstbewusstsein, als die Akzeptanz dessen, dass ich ein Mensch und nicht fehlerfrei bin. Ich bin heute in der glücklichen und privilegierten Position, mit Comedy und Humor mein Geld verdienen zu dürfen. Gerade deshalb finde ich es besonders traurig, dass so viele Menschen nicht lachen können. Entweder konnten sie es noch nie oder aber sie haben es verlernt. Wenn du dich selbst nicht so ernst nimmst – was die Voraussetzung dafür ist, dass du über dich lachen kannst –, glitzert alles viel mehr. Du bekommst eine Leichtigkeit und eine innere Zufriedenheit. Damit stellt sich automatisch auch das Selbstbewusstsein ein. Falle ich auf der Straße vor allen Leuten hin und habe mir dabei nicht ernsthaft wehgetan, kann ich über meine Tollpatschigkeit lachen. Bin ich also dazu nicht in der Lage, weiß ich wenigstens, dass ich gestolpert bin, weil ich auch nur zwei Beine habe – wie alle anderen auch. Geh also mit Humor an die Dinge heran. Dadurch wirkst du viel sympathischer und liebevoller.

4

Dating: Über Tinder, Manieren, Ladys und Gentlemen

Tinder – Quelle-Katalog 4.0

Liebe Nicolette, ich bin nun wieder Single nach einer vierjährigen Beziehung und frage mich: Ist Onlinedating etwas für mich?

Wer Lust auf Abenteuer hat, der sollte Onlinedating unbedingt ausprobieren! Fast alle sind da - und damit kommt ein interessanter Pool an potenziellen Flirtpartnern, Typen fürs Schengelemengele oder sogar für den Traumkerl zusammen. Für viele ist der Weg ins Internet der vielversprechendste. Statistikexpert*innen sind überzeugt, dass der Markt längst noch nicht gesättigt ist. Sage und schreibe 235 Millionen Euro mehr Umsatz werden Datingservices in Deutschland ihrer Prognose zufolge im Jahr 2024 machen - weltweit sogar 3,24 Milliarden Euro. Zu glauben, dass dort nur die schrägen Typen unterwegs sind, ist also falsch. Die meisten Männer und Frauen sind ganz realistisch und offen für neue Bekanntschaften.

Laut Umfragen geben sowohl Männer als auch Frauen an, wenig, dafür aber bewusst zu daten. Die meisten gehen ergebnisoffen an die Sache heran, und für beide Geschlechter ist es wichtig, dass sich das Gegenüber ebenso wohlfühlt wie sie. Dabei ist Ehrlichkeit Trumpf, zumindest bekunden Männer und Frauen das. Die meisten Menschen wollen sich nämlich im Netz so präsentieren, wie sie wirklich sind, auch auf die Gefahr hin, dass sie den anderen nicht gefallen und diese sich gegen sie entscheiden. Das ist löblich. Dagegen ist es nicht verboten, sich gut zu inszenieren. Das geht aber auch, ohne zu lügen!

Betty Geröllheimer

Viele reden von Tinder, auch diejenigen, die noch nie dort unterwegs waren. Für mich ist das so: Ich setze mich auf die Couch, mache es mir richtig bequem, völlig ungestylt, ein bisschen wie Betty Geröllheimer von der Familie Feuerstein, und dann blättere ich durch den Tinder-Katalog. Es ist ein Katalog voller Männer jeder Bauart, und das, was mich ihnen wiederum präsentiert, sind meine vorteilhaftesten Fotos. Als würde ich mein aufgebrezeltes Alter Ego in eine Bar schicken, damit es den Typen für mich klarmacht, während ich zu Hause die Füße hochlege.

Tinder erinnert mich immer an den Quelle-Katalog.

Tinder hat für mich viele Parallelen zum Quelle-Katalog, den meine Mutter früher immer auf dem Küchentisch liegen hatte. Mit einer Kippe in der einen Hand blätterte sie ihn mit dem angeleckten Zeigefinger der anderen Hand genüsslich Seite für Seite durch. Das war früher ein richtiges Ritual – homeshopping at its best. Hatte man ein Objekt der Begierde auf diesen dünnen Seiten ausfindig gemacht, ging es los. Eine Bestellnummer mit hundert Ziffern aufschreiben, Farbe, Größe und Menge angeben. Per Postkarte – das muss man sich mal vorstellen! – wurden die Daten ans Versandhaus geschickt. Drei Wochen später brachte der Postbote die heiß ersehnte Ware, oder man erhielt eine Info, dass das gute Stück im gewünschten Quelle-Shop abgeholt werden könne. Bei Tinder ist das genauso – nur digital und in Echtzeit.

Du wischst dich fingerleckend durch die Profile. Gefällt dir jemand, gibst du ihm ein Herzchen. Das ist wie früher die Postkarte: Du sagst Tinder, das möchte ich, schick es mir bitte. Einige Zeit später bekommst du eine Rückmeldung, ob die Ware verfügbar ist. Ist sie bei dir eingetroffen, solltest du überprüfen, ob sie Macken hat, in irgendeiner Form beschädigt oder unbrauchbar ist. Manchmal gibt es chargenweise Mangelware. Das Schöne ist, du hast ein vierzehntägiges Rückgaberecht – kostenfrei. Manchmal bleibst du auf den Versandkosten sitzen, doch was ist das gegen den Ärger, den du mit einem Mängelexemplar hättest? Es passt nicht? Dann schick es zurück! Eine Minute später bestellt jemand anders, dessen Anforderungen die Ware genügt, deine Rücksendung zu sich nach Hause. Klar ist diese Bestellerei irgendwann anstrengend. Aber hoffen wir nicht alle, dass wir früher oder später die heißeste und passendste Ware abgreifen?

Sich gut zu verkaufen, das ist alles in einem Katalog. Deshalb hätten vermutlich auch gute Influencer*innen die besten Karten, viele Herzchen zu kriegen. Sie haben ein Talent dafür, sich gut zu vermarkten. Und gutes Selbstmarketing basiert auf der gelungenen Inszenierung - nicht auf Lügen, sondern darauf, sich gekonnt in Szene zu setzen.

Viele Frauen glauben, bei Tinder wären nur Männer unterwegs, die vulgär seien, Fotos von ihrem „Peni" verschickten und sie ins Bett zerren wollten. Das entspricht nicht meiner Erfahrung mit Datingplattformen. Ganz oft ist es eher so, dass die Männer sich anmelden, ohne eine genaue Vorstellung davon zu haben, was sie möchten. Sie gucken sich um. Ist eine dabei, mit der sie sich gemeinsame Kinder vorstellen könnten? Schön. Bei allen anderen: Warum sollte man die Kost verachten, die sich aufs Büfett legt? Ich kann immer nur betonen, es gibt da draußen ganz liebe Männer, die nur darauf warten, eine Partnerin zu finden. Aber den richtigen Partner zu finden, ist die größte Challenge, die nicht alle bestehen.

Bitte keine Kostüme!

Was wäre ein Katalog ohne Fotos und Menschen, die ihre Schokoladenseite präsentieren, ganz natürlich, offen und sympathisch? Du solltest bei Tinder drei Fotos hochladen: eine Porträtaufnahme, ein Ganzkörperfoto und eines, auf dem man emotionale Regungen sieht. In Zeiten, in denen alle ein Smartphone besitzen, haben alle drei Bilder in guter Qualität gespeichert, auf denen er oder sie auch zu erkennen ist. Ich meine, drei Bilder! Ohne Sonnenbrille, unaufgeräumten Wäscheberg im Hintergrund und ohne Tiere, andere Menschen oder Kinder. So weit, so einfach.

Doch die Tücke liegt im Detail. Ein Mann, der folgende drei Fotos von sich postet: eines oben ohne im Fitness-studio, das nächste oben ohne in Badehose auf Malle und eines im Achselshirt, um die Muckis spielen zu lassen. Was sucht dieser Mann wohl?

Meldest du dich bei Tinder an, gibt es kein Kästchen, bei dem du einen Haken setzen kannst für „Ja, ich habe tol-le innere Werte, Charisma, Esprit, und intelligent bin ich auch!" Deshalb sind die Bilder umso wichtiger. Sie sagen alles über dich aus und sind die einzige Möglichkeit für den anderen, dich vor einem Treffen einschätzen zu können. Sie zeigen, welcher Typ Mensch du bist und was du bei Tinder suchst.

Das gilt übrigens auch für Frauen. Wenn ich wieder ein Profil auf Tinder hätte, würde ich Fotos posten, die rea-listisch zeigen, wie ich aussehe. Sie bilden mein Äußeres ab - aber auch, dass ich etwas im Kopf und ein gescheites Zuhause habe und auch Wert darauf lege, Zeit in meine Körperpflege zu investieren. Wenn ich dann noch einen kurzen Text verfasse - er muss auch nur zwei Sätze lang sein -, dann ist das die beste Voraussetzung, auch den Mann zu finden, der meinen Ansprüchen genügt. Wie es in den Wald hineinschallt, so schallt es wieder heraus. Es lohnt also, ein bisschen Mühe dafür aufzuwenden, das eigene Profil zu befüllen.

An dieser Stelle noch einen Appell an die Heteromänner hier: Solltet ihr euch auf einer Datingplattform anmelden, lasst euer Profil von einer Frau, die es ehrlich mit euch meint, gegenchecken, und zwar bevor ihr es hochschießt. Denn auch wenn ihr euer Karnevalskostüm süß und lustig findet, so glaubt mir bitte: Frauen suchen einen Mann und keinen Marienkäfer!

"

Wenn ein Mann nicht
einmal in der Lage ist, bei
Tinder einen gescheiten,
zusammenhängenden Satz
zu schreiben, müsste ich
fürchten, dass er mit dem
Heiratsdokument auf dem
Standesamt genauso
schlecht zurechtkäme.

"

Game, Set, Match

Meine Datingerfahrungen bei Tinder sind bunt gemischt. Es waren liebe, respektvolle, fürsorgliche Männer dabei. Es gibt jedoch auch diejenigen, die ich bedaure oder die mir nicht gewachsen waren. Das meine ich nicht böse, aber die Kluft war einfach zu groß.

Den besten Kuss, den besten Sex und den schönsten Penis hatte ich dank Tinder.

Doch den besten Kuss, den besten Sex und den unfassbar schönsten Penis, den ich je zu Gesicht bekam, hat mir Tinder beschert. Wundervolle Dates und nette Bekanntschaften sind über diese Plattform entstanden. Aber nur, weil die Männer eines gemeinsam hatten: Sie alle gingen respektvoll mit mir um – vom ersten Chat bis zum tatsächlichen Treffen. Klar kannst du dich nur für Sex treffen, dem bin ich auch nicht abgeneigt. Du solltest es allerdings immer stilvoll halten und vorher alle Parameter abstecken, damit du nicht den Zonk auswählst.

Dabei sagen die ersten Sätze, die man miteinander wechselt, meist mehr als tausend Worte. Es braucht ein wenig Fingerspitzengefühl, um jemanden galant anzuschreiben oder zu erkennen, was der andere möchte. Ich weiß, wie aufgeregt man sein kann, wenn man auf das Foto des Sexiest Man Alive schaut und einem dabei so warm wird, dass die Finger keinen geraden Satz mehr auf die Tastatur bekommen. Bitte, Contenance! Du bist Frau der Lage und hast dich dafür entschieden, nicht nur stumpf ein Emoticon abzusetzen, sondern den Traumtypen mit ganzen Sätzen zu konfrontieren. Das hebt dich schon von so manch anderer Tinder-Userin ab – auch wenn ich persönlich nie die Initiative ergreifen würde, denn ich überlasse dem Mann den ersten Schritt. Aber jede wie sie möchte. Für den Erstkontakt ist nicht viel notwendig. Einfach schreiben, man beobachte jemanden schon eine Weile und finde ihn sympathisch. Dazu einen Smiley, das ist ladylike und wohldosiert.

Ich habe schon die krudesten Sprüche lesen müssen. Es ist eine Beleidigung meiner Intelligenz, wenn jemand nur ein „Was suchst du hier?" schickt. Welche Antwort erwartet er? - „Deine Eier!" Jemand, der auf diese plumpe Weise ein Gespräch eröffnet, will nicht abstecken, ob du die richtige Partnerin bist. Er will nur wissen, ob du mit ihm just for fun in die Kiste hüpfst oder auf der Suche nach dem Ehemann in spe bist. Das sind erwachsene Männer, aber sie sind nicht in der Lage, eine Frau mit etwas sprachlicher Raffinesse zu umgarnen? Natürlich habe ich hohe Ansprüche, doch ich verlange nichts Unmenschliches. „Hallo, liebe Nicolette, ich freue mich sehr über unser Match, ich finde, du siehst echt sympathisch aus, und ich habe gesehen, dass du auch aus dem Westerwald kommst." - that's it. Und ich muss keine Sorge haben, dass wir uns bei einem gemeinsamen Dinner anschweigen oder ich mit Monologen den Abend retten muss. Und noch ein Tipp: Spart euch intime Fragen auf, vor dem ersten Date ist die Zeit dafür noch nicht reif.

Aber es gibt Tinder-Matches, die süße, aufmerksame Texte schreiben. Es ist purer Genuss, auf intellektuell gleicher Ebene zu chatten. Die innere Alarmanlage solltest du dennoch nicht ausschalten, dich langsam ins Abenteuer bewegen und genau beobachten. Tauscht erst einmal Telefonnummern aus und macht einen Videocall. Denn so merkst du, wie sich jemand ausdrückt und ob es eine Wellenlänge gibt, auf der ihr gemeinsam reitet. Seid ihr euch sympathisch, datet euch. Hoffentlich entspricht er deinen Vorlieben, dann kannst du dich Schritt für Schritt an diesen Menschen herantasten, zumindest wenn du auf der Suche nach einer festen Partnerschaft bist. Für jemanden, der nur auf der Suche nach Sex ist, ist es - seien wir mal ehrlich - unkomplizierter, sich auf Plattformen anzumelden, die darauf ausgerichtet sind. Dort lassen sich detailliert körperliche und sexuelle Vorlieben hinterlegen, und das Gegenüber weiß, woran es ist. Du triffst dich zum Sex und gehst keine Verpflichtungen ein. Für diese klare Abmachung muss niemand Tinder missbrauchen.

Das perfekte Rendezvous

Liebe Nicolette, woran erkenne ich einen Gentleman?
Und worauf sollte ich beim Daten achten, um es stilvoll
zu halten?

Einen echten Gentleman finden - das ist schwieriger, als
das letzte Einhorn zu entdecken. Ich weiß, wovon ich rede,
denn für mich kommt kein anderer Typ Mann infrage.

Willst du dir einen Vertreter der alten Schule fangen,
musst du meistens nach jemandem Ausschau halten, der
ein paar Jahre mehr auf der Uhr hat. Um die Chancen auf
einen Volltreffer zu erhöhen, ist es schlau, die richtigen
Orte aufsuchen. Gentlemen sind Männer, die mit beiden
Beinen im Leben stehen und ihre Freizeit gezielt nutzen,
um zu entspannen und sich zugleich in gepflegtem Ambiente mit Geschäftspartnern zu vernetzen. Sie besuchen
gerne Restaurants oder After-Work-Partys, wo sie unter
ihresgleichen den stressigen Tag ausklingen lassen. Manche sind kulturell interessiert und bevorzugen Vernissagen
oder Musikevents. Sie begeben sich also an Orte, an denen
man etwas tiefer ins Portemonnaie greifen muss.

Um die Hotelbar machst du aber besser einen Bogen.
Setz dich nicht abends dort auf den Hocker, schlürf einen
Cocktail und warte, bis du schräg von der Seite von einem
angeschickerten Kerl angequatscht wirst. Dann könnte
es sein, dass du am nächsten Morgen 400 Euro auf dem
Nachttisch liegen hast. I mean, take it or leave it, aber für
die längerfristige Bindung wäre das ein schlechter Anfang.

Ich liebe ältere Männer! Denn sie können sich an dem
Esprit, der Energie und positiven Ausstrahlung einer deutlich jüngeren Frau erfreuen. Ich möchte für mein Aussehen
und meine Intelligenz wertgeschätzt werden. Das findest
du bei einem Harald eher als bei einem Jonas.

Manchmal ist es ein Manko, dass ihr Frauenbild aus

einer anderen Zeit stammt. Von der superselbstständigen Nicolette sind sie ab und an leicht irritiert, aber ich kann das ganz galant überspielen. Die Vorteile liegen für mich auf der Hand – schon das Daten entspricht genau meiner Vorstellung. Ich möchte reisen, Theater- und Opernaufführungen sehen und gerne an einem ruhigen Ort am Meer sitzen, vor mir eine Flasche guten Rotwein und Schälchen mit Oliven, Käsehäppchen, Baguette und Feigenjus. Party muss ich nicht (mehr) haben.

Elegantes Daten aka Rendezvous

Ein Rendezvous steht und fällt mit dem Benehmen beider – meine Topbenimmregeln, nach denen ich so häufig gefragt werde, gelten also für beide Geschlechter. Stell dir vor, ihr verabredet euch montags für den kommenden Samstag. Also ein echtes Rendezvous, vor dem du dir sorgfältig überlegst, was du anziehst, welcher Lippenstift zum Kleid passt und ob du dich nicht vielleicht doch noch einmal dem Kontrollblick der Kosmetikerin deines Vertrauens unterziehst. Die Vorfreude steigt, und du versuchst, dir auszumalen, wie es wohl sein wird. Liegen sechs lange Tage dazwischen, dann solltet ihr euch zwischendrin noch einmal melden – es handelt sich schließlich nicht um einen Geschäftstermin. Ist der Tag gekommen, müssen beide die Hard Facts beherzigen. Höflichkeit im Umgang miteinander ist für jeden Menschen eine Zier und gebietet, pünktlich und zuverlässig zu erscheinen sowie in Sätze auch mal die Zauberwörtchen Bitte und Danke einfließen zu lassen. Deine volle Konzentration während eines hoffentlich angeregten Gesprächs liegt auf dem Gegenüber. Zeige Interesse an den Antworten und stelle Gegenfragen, die signalisieren, dass du auch zugehört hast. Der Blick aufs Handy, das übrigens sowieso in der Tasche bleibt, oder auf den Po der Kellnerin sind tabu! Alles dreht sich um ihn oder sie und dich.

Echte Kommunikation fällt immer mehr Menschen

schwer. Ein Small Talk mag vielleicht nicht die großen Fragen unserer Zeit lösen, er ist jedoch der Einstieg dafür, den anderen mit seinen Vorlieben besser kennenzulernen. Es gibt so dermaßen introvertierte und schüchterne Menschen, dass du dir nicht einmal vorstellen kannst, mit ihnen irgendwann richtig zur Sache zu gehen. Bekommt er oder sie gar nicht den Mund auf, ist das schwierig. Ich meine, wie soll man dann so je Sex haben? Allerdings sollten es die meisten aber dann doch schaffen, unverfängliche Themen anzusprechen. Es geht bei einem ersten Kennenlernen um Dialog und nicht darum, ständig nur von sich zu reden. So kannst du erfahren, wie der Alltag der anderen Person aussieht, ob sie ihren Job mag oder welche Reisedestinationen sie präferiert. Erzählungen über Ex-Partner*innen oder schreckliche Date-Erfahrungen solltest du dir hingegen lieber sparen: Wir alle hatten sie und breiten lieber den Mantel des Schweigens darüber. Statt über Tinder zu lamentieren, sind alle in der Lage, ein Kompliment aus dem Hut zu ziehen – etwa, wie sehr man sich auf das Rendezvous gefreut hat und wie wundervoll es ist, hier zusammenzusitzen.

Menschen werden als sexy wahrgenommen, wenn sie lächeln und nicht jammern, tolle Geschichten erzählen können und eine gute Einstellung zum Leben haben – das empfinden andere als Energiequelle, von der man nicht genug bekommen kann.

Der Mann bezahlt!

Gutes Benehmen, Umgangsformen, ein Gentleman sein – damit punktet jeder Mann. Das bedeutet: Er ist zuvorkommend, hält – bitte schön – die Tür auf, begleitet die Dame und bietet ihr auf unwegsamem Kopfsteinpflaster, in dem sich immer wieder die Absätze der Pumps verkeilen, seinen Unterarm zum Unterhaken an. Und ja, er bezahlt die Rechnung – am besten dann, wenn die Dame aufgestanden ist, um sich frisch zu machen. Das ist meine Sichtweise, auf der ich beharre, wohlwissend, dass viele Frauen damit ein Problem haben.

Lädt ein Mann mich ein, beweist er gute Manieren. Er zeigt mir seine Wertschätzung und wie wunderbar er den Abend mit mir fand. Bezogen auf die klassischen Rollenbilder, von denen ich am Anfang des Buchs gesprochen habe, könnte man auch sagen: Er beweist, dass er in der Lage ist, für mich als Frau zu sorgen. Viele Frauen teilen meine Ansichten. Andere denken, sie müssten ihm aus Dank für das Essen einen Blowjob geben. Sie liegen falsch. Männer meinen nach einer Einladung nicht, sie besäßen die Frau nun oder könnten mit ihr machen, was sie wollten. Sie denken auch nicht, sie wäre käuflich oder dumm und würde nach ihrer Pfeife tanzen. Manche Ladys vermuten, die Männer würden ihnen ein Auto kaufen. Wir reden hier von einer Pizza und einem Glas Weißwein! Ob du dich revanchierst und wie du es tust, obliegt ganz dir.

Doch woher kommt diese verquere Sichtweise vieler Mädels, selbst wenn das nicht zur Debatte steht?

Viele wurden als Kind zu einem Dankeschön gezwungen.

Das Gefühl, jemandem etwas zu schulden, wurzelt in der Kindheit. Gab es an Weihnachten oder zum Geburtstag ein Geschenk, wurde auch ich genötigt, mich beim Schenkenden zu bedanken – mit einem Kuss oder einer Umarmung. Widerwillig und angeekelt gehorchte ich. Ein braves Kind tut so etwas, lehrte man mich. Rückblickend finde ich das nach wie vor grauenvoll. Heute bin ich eine erwachsene, autonome Frau. Für eine Einladung zum Essen nehme ich keinen Peni in den Mund, sondern nur weil ich Lust habe und den Typen sexy finde. Viele haben diesen Erkenntnisschritt noch vor sich – und verstehen nicht, dass der Mann schlicht gutes Benehmen zeigt, wenn er die Frau einlädt. In seiner Kinderstube ist nämlich alles richtig gelaufen - er hatte offenbar die richtigen Vorbilder.

Gentlemen werden nicht geboren, sie erleben höfliche Umgangsformen und übernehmen sie in ihr eigenes Repertoire. Anders als die Söhne eines meiner früheren Nachbarn. Er war damals Mitte fünfzig, attraktiv gebaut und eigentlich genau mein Fall, wenn da nicht seine Ignoranz gewesen wäre. Hievte ich schwere Wasserkisten aus dem Auto, war er nicht einmal in der Lage, mir die Tür aufzuhalten oder gar mit anzupacken. Es braucht nicht viel Fantasie, um sich vorzustellen, wie sich seine beiden Söhne später gegenüber anderen Menschen wohl verhalten würden. Außer sie schaffen den Sprung und erkennen, dass ihre Eltern nicht perfekt sind, und emanzipieren sich von dem, was ihnen vorgelebt wurde.

Einige mögen mein Beharren auf Kleinigkeiten wie Türaufhalten für Kokolores und unwichtig erachten. Das mag auf den ersten Blick tatsächlich so sein - doch für mich sind sie der Ausdruck von Haltung.

Grenzen setzen

Eleganz bedeutet für mich, Grenzen zu setzen, und zwar von vorneherein. Nur so kann ich mich, meine Interessen und letztlich auch den anderen Menschen beschützen. Denn ich möchte nicht, dass wir zusammenkommen, obwohl es zwischen uns nicht passt. Darum kann ich verlangen, dass mir jemand seine Aufmerksamkeit schenkt, mir respektvoll, höflich und wertschätzend begegnet und mich mindestens genauso gut behandelt wie ich mich und wie ich ihn.

Fehlen ihm diese Umgangsformen und der Respekt, springt meine Selbstschutzmechanismus an. Ich behandele den Mann schließlich wie einen Gentleman, also soll er mich auch wie eine Lady behandeln. Ich gebe zu, das sehen nicht alle so, und mich zu daten, ist eine Dschungelprüfung. Aber seien wir ehrlich, ein Mann, der wie ein Sack Muscheln im Stuhl hängt, der der Kellnerin lieber auf die Brüste schaut als mir in die Augen - das ist weder elegantes Dating noch sollte in dieser Form überhaupt je ein Rendezvous ablaufen. Manieren und Eleganz sind für mich daher immer der Ausdruck von Wertschätzung.

Du kannst das Glas immer nur so hoch halten, wie dein Arm lang ist.

Und noch eines: Willst du einen tollen Mann haben, der die Klaviatur des Miteinanders perfekt beherrscht, musst du auch deine Ansprüche an ihn erfüllen. Ich kann ihm nicht sagen, er solle aufhören, vor mir zu rülpsen, wenn ich selbst jedem Körperwind freien Lauf lasse.

Etepetete

Meine Ansprüche an Männer sind hoch - für viele zu hoch. Meine Ansprüche an mich sind allerdings bedeutend höher, und ich bringe sehr viel Energie auf, ihnen gerecht zu werden. Denn in meinem Kopf entstamme ich keiner bürgerlichen Familie, sondern bin der heimliche Spross der englischen Royals. Also lebe ich in meiner Etepetete-Bubble - und liebe es. Auch im ganz normalen Alltag perlt mein Mineralwasser in Weingläsern, ich trage ein Negligé, auch wenn ich allein in meinem kleinen Schloss bin, und finde mich dabei unendlich bezaubernd. Unterwegs im Cabriolet binde ich im Stil der Grande Dame der Fünfzigerjahre, Grace Kelly, mir ein Chanel-Seidentuch ums Haar. Und würde ich rauchen, täte ich es nur mit einer Zigarettenspitze.

Ich stelle mir vor, ich sei Schriftstellerin von kitschigen Liebesromanen.

Ich lebe Etepetete mit jeder Zelle meines Körpers. Woher die Begeisterung dafür rührt, kann ich nicht sagen. Bereits als Kind war ich fasziniert von hohen Schuhen, luftigen Kleidern und richtete Teepartys für meine Freunde aus. Als Teenie war ich im Rahmen eines Schüleraustauschs in einer Londoner Familie zu Gast. Sie als reich zu titulieren, wäre stark untertrieben. Hier sah ich all das, wovon ich sonst nur hätte träumen können. Sie haben – wie ich als Kind – Freunde zu Teepartys eingeladen, ließen Häppchen reichen, kleine Gurkensandwiches, Scones und Pralinen, und nebenbei plauderten die Erwachsenen über die schönen Aspekte des Lebens. Ein Hochgenuss, selbst für mich als Jugendliche! Ebenso das gesamte Interieur: edle Accessoires, stilvoll platziert, geschmackvolle Gemälde an den seidenbespannten Wänden. Der Badeschaum floss aus Kristallglaskaraffen in die elegante, frei stehende Badewanne mit Blick auf einen herrlichen Park. Schon damals wusste ich: So möchte ich leben – that's the only way to go. Meine Enttäuschung, wieder ins gutbürgerliche Köln zurückkehren zu müssen, konnte ich nicht verhehlen.

Doch der Aufenthalt in London, die Möglichkeit, diese Lebensart aus nächster Nähe kennenlernen zu dürfen, hat mich inspiriert. Also habe ich Bücher zu Benimmregeln und Umgangsformen inhaliert. Sobald ich die finanziellen Mittel dafür hatte, habe ich darüber hinaus an vielen Aus- und Fortbildungen zu diesem Thema teilgenommen. Ich besuchte Kurse in der Londoner Emma Dupont School of Etiquette, in Schweden in Anna Beys School of Affluence. Ich finde es spannend zu wissen, wie man Tische im englischen, europäischen oder amerikanischen Stil eindeckt. Wer hält wem die Tür auf? Wie ziehe ich mich businesslike an? Wie trinke ich Tee? Wie esse ich das Brot am Tisch? Natürlich steigert das auch meine Erwartungen an mein Gegenüber, mit dem ich diniere. Nicht jeder kann dem standhalten. Allerdings sind nicht immer seine schlechten Manieren schuld, wie die Geschichte erzählt, an die ich mich nur mit einigem Unbehagen erinnere.

Fauxpas

Vor einigen Jahren hatte ich eine Verabredung mit einem großartigen Mann Mitte fünfzig. Ein charmanter Kerl, ein Gentleman. Das Rendezvous sollte in Düsseldorf stattfinden, und selbstredend lag die Entscheidung bei mir, in welches Restaurant wir gehen sollten. Eine Verhaltensform, die ich zu schätzen weiß.

Ich liebe Düsseldorf. Düsseldorf ist für mich die Stadt, in der es die besten Ausgehmöglichkeiten gibt. Noble Restaurants, Bars - wonach auch immer mir der Sinn steht. Da gab es auch dieses Steakhaus, auf das ich schon lange mein Auge geworfen hatte: exquisite Cuisine, super Service und die Preise ebenso high-class - und definitiv ungeeignet für meinen Geldbeutel.

Wir betraten das Lokal und mir eröffnete sich eine wundervolle Atmosphäre. Industrial Style, gepaart mit einem ganzen Meer an Kerzen und randvoll gestopft mit tollen Menschen und wichtigen Persönlichkeiten. Bei einem angeregten Gespräch und mit dem interessierten Mann mir gegenüber spielte ich „Tischlein, deck dich" und bestellte alles, was die Speisekarte hergab. Am Ende sah der Tisch aus wie das reinste Schlaraffenland: dekoriert mit Steak, Spargel, Saucen, hausgebackenem Speckbrot und einem ganz feinen Kartoffelpüree. Wenn es eine Sache gibt, die ich noch mehr schätze als gute Rendezvous, dann ist es großartiges Essen!

Neben der Euphorie über das Essen schienen sich die Schweißperlen auf der Stirn meiner Begleitung minütlich zu verdoppeln. Dennoch war der Mann bemüht, sich nichts anmerken zu lassen - Gentleman, der er nun einmal war. Das Essen stand noch keine zwei Minuten auf dem Tisch, da entschuldigte er sich bereits und verschwand. Ich war von den Leckereien so hypnotisiert und in den Bann gezogen, dass ich nicht einmal bemerkte, wie plötzlich das halbe Restaurantpersonal auf der Herrentoilette verschwand. Zu spät realisierte ich, dass der Grund dafür meine Verabredung war. Vielleicht war es sein Kreislauf oder gar Herzrhythmusstörungen - ich weiß es bis heute nicht. Es ging ihm auf jeden Fall richtig mies. Als er halbwegs wieder auf wackeligen Beinen stand, dauerte es keine zwei Minuten, bis er sich mit einem Busserl rechts und links auf meine Wangen verabschiedete.

Und da stand ich nun, mit einem Tisch voller Essen im Wert von meinem damaligen Monatsgehalt, aber gerade noch 25 Euro für die Heimfahrt mit dem Taxi in der Tasche. Ich musste nun zwischen Pest und Cholera abwägen. Also setzte ich mich wieder auf meinen Hintern und ließ mir alles richtig gut schmecken. Danach zog ich alle Register - und prellte die Zeche. Wie eine Kleinkriminelle verließ ich das Restaurant und hinterließ leer geputzte Teller und eine riesige Portion schlechten Gewissens zum Dessert. Mittlerweile existiert das Restaurant nicht mehr. Aber sollte der ehemalige Besitzer diese Zeilen hier lesen: Schreib mir gerne eine E-Mail - ich schulde dir noch etwas!

Gut betucht

Liebe Nicolette, findest du es verwerflich, bei der Partnersuche das eigene Interesse davon abhängig zu machen, ob er gut situiert oder arm wie eine Kirchenmaus ist?

Der eigene finanzielle Werdegang ist immer wichtig, um für sich eine Antwort auf diese Frage zu finden. Gehe ich von mir aus, dann würde es einen Unterschied machen, ob ich vor fünf Jahren einen gut betuchten Gentleman gesucht hätte oder jetzt. Heute bin ich finanziell gut genug aufgestellt, kann für meinen Lebensstandard sehr gut selbst sorgen und bin dazu nicht auf die Unterstützung eines Mannes angewiesen. Früher wäre ich das Wannabe-Sugarbabe gewesen, das versucht, sich finanziell durch eine Liebesbeziehung besserzustellen. Heute wären wir - mit Blick auf den Kontostand - vielleicht ebenbürtig. Aber das ist nicht das Wichtigste: Meinen Partner erwähle ich mir, weil er mich inspirieren und motivieren soll.

Er soll mir dabei helfen, mich weiterzuentwickeln, weil er mir neue Welten eröffnet. Er soll mein Leben noch schöner machen, als es ohnehin ist, und Intellekt und Charisma mitbringen. Genauso möchte ich für ihn sein: eine Bereicherung. Wenn er mit mir in einer adretten Stadtvilla wohnt und ferne Länder bereisen möchte, kann ich daran nichts Verwerfliches finden - es darf nur nicht einseitig sein. Solange ich etwas zu der Beziehung beitrage, wonach er sich immer gesehnt hat, steuere ich etwas bei, was mit Geld nicht aufzuwiegen ist. Fatal wäre es nur, würde dein Partner deinen Standard nach unten ziehen.

Gold Digger

Viele verstehen unter „Gold Digger" die Frauen, die sich hergeben, nur um den ganzen Tag flaschenweise Schampus trinken zu können. Diese Art von Frauen gibt es, keine Frage. Sie glauben, eine schlanke Taille zu haben und ein knappes Kleid anzuziehen, würde genügen, um reiche Männer abzuschleppen. Auf bereits erwähnten Seminaren und Schulungen habe ich jedoch Frauen getroffen, die eine konkrete Vorstellung davon hatten, was sie leisten müssen, um sich einen Multimillionär angeln zu können. Zum Teil haben sich ihre Eltern das Geld vom Mund abgespart, damit sie diese Etikettekurse und -schulen besuchen können.

Sie betrachte ich in einem anderen Licht, weil sie ein ganz klares Ziel vor Augen haben und ihre Prioritäten bewusst nicht auf Liebe und Zuneigung liegen. Sie tun alles dafür, das Verhalten, das in Zukunft in gehobenen gesellschaftlichen Kreisen von ihnen erwartet wird, von der Pike auf zu lernen. Nichts wäre peinlicher, als unbeholfen über das Parkett des Wiener Opernballs zu trampeln oder den

Partner in einem Gespräch im Rahmen eines Banketts zu blamieren. Ich bewundere solch eine bewusste Herangehensweise. Diese Frauen haben einen Traum, wie sie sich ihr Leben einrichten möchten, und sie tun etwas dafür.

Multimillionäre sind häufig nicht mehr ganz jung an Jahren. Du weißt, dass ich dazu eine grundsätzlich positive Einstellung habe. Nicht verleugnen lässt sich allerdings, dass Männer im höheren Alter mehr erlebt und in der Folge meist mehr Probleme als Männer Anfang dreißig haben. Fünfzigjährige sind oft auch mitten in der Midlife-Crisis. Sie entdecken sich wieder, erfinden sich neu, wollen die zwanzig Jahre dauernde Ehe und die verzweifelte Ex-Frau hinter sich lassen. Eine Jüngere zur Partnerin zu nehmen, ist wie ein Neustart, eine Wiedergeburt, eine Renaissance. Sie genießen es, mit einer optisch jüngeren Frau durch die Welt zu spazieren und sie bei den Kolleg*innen, bei Freund*innen, in der Öffentlichkeit zu präsentieren: Sie ist ein Statussymbol. Es geht um Prestige, das kann man unerhört und peinlich finden – oder genießen wie ich.

„Ältere Männer sind schwierig", sagt meine Mama.

Aber wir sollten ehrlich sein. Der körperliche Verfall scheint es mit dem männlichen Körper schlechter zu meinen als mit weiblichen. Es macht einen großen Unterschied, einen Mann zu daten, der mit fünfunddreißig noch Wert auf ein gepflegtes Äußeres legt. Ein Fünfundfünfzigjähriger bemüht sich häufig gar nicht mehr, wenigstens die Fassade aufrechtzuerhalten. Keine Ahnung, warum sie sich so in den Abbau ihrer Kräfte und Säfte fügen. Entweder sie sehen es nicht, oder ihnen ist es schlichtweg gleichgültig.

Sexuell sind Jüngere nicht zu toppen. Einige haben mich in schwindelerregende Höhen getrieben – denke ich daran, brauche ich heute noch Popcorn zum Kopfkino …

Just for fun

Liebe Nicolette, ich möchte daten, allerdings nicht für die große Liebe. Dafür habe ich keinen Nerv. Aber kann das Daten, wenn es nur um Sex geht, überhaupt gut gehen?

Heiß, heißer, Heißluftballon - diese Zeiten, in denen man förmlich die Wände rauf und runter laufen könnte und die Vibratorbatterien vor Erschöpfung schlapp machen, die kennen alle Singles. Irgendwann überkommt dich die Fleischeslust, und das handbetriebene Verwöhnprogramm reicht nicht mehr aus. Dann willst du einen Peni oder eine "Monika" - und zwar schnell und unkompliziert. Ich träume immer noch davon, ein schwarzes Adressbüchlein zu haben mit einer feinen, gepflegten Liste Männer, die ich nach Lust und Laune nur auswählen muss: Heute mal sportlich gebaut, mal ein bisschen fluffy, sehr große Ausstattung oder eher klein und handlich, der schätzt ein gutes Blaskonzert, der hat Lassie als Vorbild. Am besten sollte der Erwählte alles stehen und liegen lassen - oder auch nur liegen - und bei mir durchklingeln. Nach dem Sex sollte er gerne genauso schnell wieder verschwinden - denn ich gehe gerne früh zu Bett. Bislang gab es noch keinen Mann, der mich dazu gebracht hätte, meine Prinzipien dahingehend über Bord zu werfen. Das ist auch der Grund, warum ich schnell genervt bin, wenn er stundenlang an mir rumkrabbelt, während mir schon die Augen zufallen.

Die wichtigste Voraussetzung für eine gelungene Affäre: keine emotionale Bindung aufbauen.

Wir alle kennen sie: Hollywoodfilme, in denen sich zwei Menschen mit gebrochenem Herzen und ordentlich Frust einfach nur beim Schengelemengele austoben wollen.

Dass beide verboten gut aussehen, lustig sind und obendrauf charmant, muss ich nicht erwähnen. Es dauert nicht lange und das lockere Verhältnis zueinander wird - natürlich total überraschend und absolut nicht vorhersehbar - komplizierter als jede Integralrechnung.

Wenn es darum geht, den Mann für die perfekte Affäre zu finden, habe ich meinen ganz eigenen Grundsatz. Um ihn zu verdeutlichen, möchte ich es etwas provokanter ausdrücken: Deine Liaison sollte hohl und hässlich sein. Das mag im ersten Moment abschreckend wirken - hat aber bei genauerer Betrachtung durchaus seinen Sinn. Wenn es eine Sache gibt, die jede Affäre von Anfang an zum Scheitern verurteilt, ist das eine emotionale Bindung. Ist dein Gegenüber für deinen Geschmack unattraktiv und noch dazu nicht ganz auf deinem intellektuellen Level, sinkt die Wahrscheinlichkeit, dass du dich verliebst - so einfach ist das. Betrachte meinen Grundsatz also als Vorsichts- und Schutzmaßnahme für die Situationen im Leben, in denen du dich ausleben, aber nicht binden möchtest. Hohl und hässlich darf die Person zwar sein, aber Langeweile oder ein unangebrachtes Verhalten sind bei der Hauptfreizeitbeschäftigung für mich ein No-Go!

Auch im Bett sind gute Manieren Pflicht. Es gibt Männer, die müssen der Frau nur dabei zuschauen, wie sie ihren String runterzieht, und haben schon Vorfreude in ihrer Hose. Es gibt kein langes Vorspiel - und zwei Minuten später ist die Nummer gelaufen. Quickies können sehr anregend sein. Doch sich anschließend einfach zur Seite zu rollen, ohne sich die Mühe zu geben, die Frau zu verwöhnen - das zeugt von Unvermögen und ist eine Unsitte. Genauso schlimm wie die Männer, die sich nach dem Akt in aller Öffentlichkeit beschweren, der Sex sei nicht gut gewesen. Welche Rolle sie dabei hatten und was sie dafür getan oder auch nicht getan haben, verschweigen sie dabei geflissentlich.

Manchmal passt man eben einfach nicht zusammen.

Kennst du das, wenn ein Mann immer einen anderen Rhythmus wählt als du? Oder wenn er denkt, er würde mit deinem Knöpfchen Flipper spielen? Man hat es ausprobiert, es hat nicht harmoniert - was soll's. Blöd, wenn das Äußere des anderen eine deutlich höhere Erwartungshaltung geschaffen hat. Aber bitte! Sich über die Qualität des Sex hinterher den Mund zu zerreißen, ist respektlos. War es nicht das, was du dir vorgestellt hast, besprichst du das maximal mit deinen engsten Freunden - oder legst für immer den Mantel des Stillschweigens darüber.

Den Mund aufzumachen, ziemt sich jedoch - nein, nicht nur beim Oralverkehr -, um dem anderen mitzuteilen, wie begeistert du von dem bist, was er mit seinen Fingern und seiner Zunge anzustellen vermag. Männer sind sehr empfänglich für Lob, weil es sofort ihr Belohnungszentrum aktiviert und sie sich noch ein bisschen mehr bemühen.

Um das Lob glaubwürdig zu formulieren, sollten Frauen Sätze wie „Toll, wie hart er geworden ist" oder „Prima, klasse, ganz großes Kino" aus ihrem Vokabular streichen. Das könnte er als Ironie werten. Signalisierst du ihm allerdings, wie aufregend du findest, was er tut, oder wie gut ihn die Engelchen ausgestattet haben, dann zündest du in ihm ein Feuerwerk - und er für dich die nächste Rakete. Neben Lob ist auch eines für ein erfülltes Sex-Leben elementar: Davor oder währenddessen miteinander sprechen. Wann haben wir verlernt, unsere eigenen Bedürfnisse und Wünsche zu kommunizieren? Woher soll das Gegenüber wissen, wie man zum Höhepunkt kommt, wo man besonders gerne angefasst wird und wo nicht? Vermutlich steckt dahinter unsere altbekannte Grundangst: die Angst davor, abgelehnt und zurückgewiesen zu werden. Ich kann nur dringend dazu raten, den Mund aufzumachen und über Sex, deine Wünsche, Fantasien oder No-Gos zu sprechen. Der Mut wird belohnt werden! Und das macht nicht nur Sinn in einer langjährigen Partnerschaft, sondern auch bei einem One-Night-Stand ...

Die Liebesfalle

Überfordert und wie auf hoher See - so fühlte ich mich bei einem meiner unglaublichsten One-Night-Stands, die ich je erlebt habe. Es musste bei diesem einen Mal bleiben, bei einem weiteren hätte mein Körper dieser enormen Belastung nicht standgehalten. Aber alles der Reihe nach:

An einem gewöhnlichen Tag stand der Adonis - wir nennen ihn hier Marc - an meiner Kasse. Ich arbeitete als Verkäuferin in einer Boutique. Besonders geschätzt wurde ich dafür, die optimale Kleidung zu empfehlen und dann auch noch davon zu überzeugen, nicht nur die unifarbene Hose in Blau, sondern auch noch die mit dem geschmackvollen Muster mitzunehmen. Dieser Traumkerl nahm gleich noch eine dritte dazu und rief mich abends im Laden an, kurz vor Schluss. Er umgarnte mich, er wolle mich unbedingt näher kennenlernen, ob ich nicht zu ihm nach Hause kommen wolle? Und wie ich das wollte - er hatte ganz offensichtlich einiges zu bieten, wie mir der Anblick verraten hatte, den ich während seiner Anprobe durch den leicht geöffneten Vorhang der Umkleidekabine hatte erhaschen können.

Also ab nach Hause, rein ins sanft schwingende Seidenkleid, eine kleine Wolke des verführerischen Parfüms mit einer Note aus Birne, Bergamotte und Vanille aufgelegt und Lillipeng, meine Hündin, ins Körbchen gepackt. Vor seinem Haus erlebte ich den ersten Schockmoment. Er wohnte im achten Stock - ohne Aufzug. Wer mich kennt, weiß, dass ich es bei Sport mit Churchills Weisheit halte: „Sport ist Mord!" Meine Kondition ist im Minusbereich angesiedelt. Meine Körpertemperatur stieg hingegen kontinuierlich mit jeder einzelnen Treppenstufe - nach der sechzigsten hatte ich keine Luft mehr, um weiterzuzählen. Er stand applaudierend auf dem obersten Treppenabsatz und feuerte mich an, hier oben warte ein sagenhafter Ausblick. Wie peinlich: Die Vanillenote meines Gaultier-Dufts machte genauso schlapp wie ich. Lillipeng, damals noch ein Welpe, lief oben angekommen zur Höchstform auf. Sie pinkelte ihm erst einmal galant (von ihm unbemerkt) auf den Teppich. Er weiß es bis heute vermutlich nicht. Okay, jetzt vielleicht schon. Ich hätte das weiße Fellknäuel aber auch nie zum Pinkeln wieder hinunter- und hinauftragen können. Diese Stufen! Wie kann man als Architekt vergessen, einen Aufzug einzuplanen? Das ist mir ein echtes Rätsel!

Die Wohnung war ein durchschnittliches Singleapartment - damals fand ich das ganz ansprechend. Hochglanzmöbel, die Luxus vorgaukeln, wo keiner ist, blitzten in jeder Ecke, umrahmt von Streifen blauen LED-Lichts. Wie ein kleines Kind war das Muskelpaket von seinem Fernseher begeistert. Single-Männer sind immer sehr stolz, wenn sie einer Frau zeigen können, dass sie per Fernbedienung die TV-Rückbeleuchtung ändern können - was er auch gleich tat. Wie wenig mich dieses Farbspektakel oder die breite Couch beeindruckten, ließ ich ihn nicht wissen. Als er mir eine Kuscheldecke anbot, musste ich bei dem Gedanken, wie oft er darauf schon ejakuliert haben mochte, allerdings vehement ablehnen. Der Flausch war schon struppig und Keime hatten darin wahrscheinlich inzwischen eine eigene Infrastruktur aufgebaut.

Doch die Couch war nicht die größte Attraktion in dieser Zweizimmerwohnung. Das war - seiner Meinung nach - sein Wasserbett. Mit den Lockrufen, wie weich wabbelnd, bequem und bewegungsintensivierend es sei, lotste er mich in die Liebesfalle. Diese Bezeichnung ist nicht übertrieben, denn alle, die das bereits erlebt haben, wissen, dass daraus nur schwer zu entkommen ist.

Doch erst einmal musste die Hose, die ich ihm erst einige Stunden zuvor in der Boutique verkauft hatte - eine wirklich gute Wahl! -, wieder runter. Versuchst du, die Hose eines Mannes zu öffnen, musst du am Keuschheitsgürtel vorbei. Diese vielen Löchelchen, Ösen, Schnallen und Haken. An denen fingerst du nervös herum, beobachtet von ihm, der sich daran ergötzt, wie du dich abrackerst. Klar, er denkt, dein Zittern käme von deiner Notgeilheit. Der Blick auf das, was sich unter dem Slip bot, brachte mich tatsächlich zum Beben. Dass er bei dieser Größe nicht vorne überkippte oder Bluthochdrucktabletten nehmen musste! Für einen Moment dachte ich, da stünden zwei Menschen vor mir. Aber ich wollte tapfer sein, und seine Vorfreude, die mit dem feuchten Fleck in seinem Slip schon erkennbar war, hatte Aufforderungscharakter.

Am nächsten Tag brauchte ich Wundcreme in den Mundwinkeln. Alles, was wir sonst probiert haben - ich scheiterte kläglich. Mein Körper war an seine Grenzen gestoßen. Jedes Tor hat kapituliert. Ich habe nie wieder etwas von ihm gehört, er war wohl maßlos enttäuscht.

Eigensympathie

Liebe Nicolette, ich habe genug von den Jungs, die mir nur meine Nerven rauben, statt mir Glückseligkeit zu bringen. Ich will einen tollen Kerl, wo bleibt deine Zauberformel?

Ach, wäre das fantastisch, wenn ich David Copperfield wäre und die perfekten Partner*innen aus dem Hut zaubern könnte - oder zumindest die passende Formel parat hätte. Doch die gibt es leider nicht. Stattdessen ist die folgende Erkenntnis erhellend: Für die Partnersuche ist es wichtig zu wissen, wer du bist, was du möchtest und was du gebrauchen kannst. Ja, was du gebrauchen kannst! Damit dein Fundstück zum richtigen Partner wird, ist es unerlässlich, die gleiche Emotion, die gleichen Werte und die gleiche Richtung zu haben.

Je besser du dich kennst, je ehrlicher du dir selbst gegenüber bist, umso besser gelingt dir die Partnersuche. Sind dir Tiefe und Intellekt wichtig und bist du an kluger Konver-

"

Schön gelebt und
hässlich gestorben, des
Teufels Rechnung nun
verdorben!

"

sation interessiert, solltest du die Finger von einem Mann lassen, der noch nie ein Buch in die Hand genommen hat. Natürlich könntest du darauf bauen, dass alles andere wie die Emotionen oder der Sex stimmen und den Mangel im anderen Bereich ausgleichen. Das ist allerdings eine Milchmädchenrechnung, denn Kommunikation ist in einer Partnerschaft äußerst wichtig. Damit sie funktioniert, müssen auch die Worte, die beide verwenden, zueinander passen. Das gelingt meiner Meinung nach nur, wenn beide kognitiv auf einem Level sind.

Von schönen Tellern isst du nie allein

Frauen vergucken sich oft in die Fassaden besonders attraktiver Männer. In meiner Branche tummeln sich so viele schöne Männer, die die modischsten Outfits tragen, die schnellsten Autos fahren und über immense Summen Geld verfügen, worüber sie schon gar nicht mehr sprechen. Sie können an jeder Hand zehn Frauen haben. Trotzdem stellen sich Frauen bei diesem Typ Mann in die Schlange, obwohl sie nicht nur nach betörendem Aftershave, sondern auch nach Problemen riechen. Mit Menschen, die sich unwiderstehlich finden – egal ob Mann oder Frau –, kannst du keine Beziehung führen. Dennoch verlieben sich Frauen allzu gerne genau in diese Männer. So geblendet sind wir manchmal von der Optik.

Fragst du, was Frauen an einem Mann attraktiv finden, dürften in den seltensten Fällen Eigenschaften wie Humor, Intelligenz oder Schlagfertigkeit zur Aufzählung gehören. Doch wodurch zeichnet sich denn ein Mann mit einer Schulter zum Anlehnen aus? Frauen haben dieses ureigene Schutzbedürfnis, und wenn sie ein Problem haben, mental gerade ziemlich down sind und sich Unterstützung an ihrer Seite wünschen, braucht es weniger Muskeln als vielmehr einen Mann, der emotionale Intelligenz besitzt. Ich habe das schon erlebt. Nach einem anstrengenden Tag, an dem sich die Welt komplett gegen mich verschworen zu haben schien und ich fern von zu Hause mit einem zweitklassigen Hotel Vorlieb nehmen musste, rief ich meinen Partner an. Ich schluchzte müde und hadernd ins Telefon. Er versuchte, mich aufzumuntern mit der Aussicht, wenn ich erst wieder zurück sei, würden wir kuscheln. Nett. Kuscheln ist toll, und er hat es bestimmt total süß gemeint. Doch in dem Moment war das nicht das, was mir geholfen hat. Ich will jemand, der mich erdet und mir mit der richtigen Empathie vor Augen führt, wie privilegiert ich bin, einen Job machen zu dürfen, der meine große Leidenschaft ist.

Ich schalte meinen Röntgenblick bei Männern an. Ich liebe es, wenn er mich verzaubert mit seinem Charme, mit seinem Witz. Rowan Atkinson würde super zu mir passen, so sexy – und dann auch noch Brite.

Viele schöne Frauen suchen sich bewusst einen Mann, der optisch aus einer anderen Welt kommt als sie. Das kann ich sehr gut nachvollziehen. Sie haben genug von den geleckten Männern. Diese Frauen haben für sich erkannt, dass es ihnen wichtiger ist, geliebt zu werden und Wertschätzung zu erfahren, als den Prinz von Bel Air im Bett zu haben. Sie geben inneren Werten den Vorzug – das heißt aber nicht, dass Optik unwichtig wäre.

Schlichtes Gemüt

Du kennst meine Devise, für den puren Genuss beim sexy Schnapphappen Abstriche zu machen. Geht es um längerfristige Partnerschaften, sind mir andere Punkte wichtig. Ich lege besonderen Wert auf hohe Bildung, ich möchte zu ihm aufschauen, so wie er auch gerne zu mir. Dennoch hatte ich schon den ein oder anderen Fehlgriff – Männer, die es im Bett gebracht haben, aber in Gesprächen diesen leeren Blick in den Augen bekamen. Auch ich habe den Fehler begangen, glauben zu wollen, dass seine Vorzüge die Defizite ausgleichen könnten. Aber dann gab es diese eine

Frühstücksszene - ein Schlüsselmoment für diese Beziehung und meine Überzeugung, dass es immens wichtig ist, einen Menschen zu wählen, den man wirklich lieben kann.

Wir saßen beim Frühstück, an der großen Tafel, denn wir beide haben gerne lange und ausgiebig mit allem Zipp und Zapp gefrühstückt: Räucherlachs, frische Ananas, selbst gekochte Marmeladen und perfekte Frühstückseier, das Eiweiß fest und das Gelbe noch schlotzig weich. Alles nach meinem Gusto - eigentlich ... Wenn mein Gegenüber nicht eine Stunde lang nur Kneipentalk von sich gegeben hätte - derbe Stammtischparolen, die alles und jeden in den Dreck zogen und sein Halbwissen entlarvten. Gott, war mir übel - beim Einräumen der Spülmaschine hätte ich mich am liebsten übergeben, um diesen Müll wieder aus meinem Kopf zu bekommen. Einige Male noch wiederholte sich das Spiel - bis ich den längst überfälligen Schlussstrich zog.

Monate später saß mir das exakte Gegenteil gegenüber. Er war richtig pfiffig, und es war wundervoll, sich mit ihm auszutauschen. Am gedeckten Frühstückstisch hatte ich ein Déjà-vu. Ich fragte mich, ob sein Vorgänger nicht eigentlich zum Team von *Verstehen Sie Spaß?* gehört hatte, um Nicolette hinters Licht zu führen.

Selbstsympathie

Alle müssen für sich individuell entscheiden, wohin es im Leben gehen soll. Alle brauchen einen Plan - und der ist nur umzusetzen, wenn dein Partner oder deine Partnerin die eigenen Interessen teilt. Versuch mal, als Globetrotter die Welt zu erkunden, wenn du eine Couch-Potato, der eine Pauschalreise nach Mallorca im Jahr genügt, an der Hacke hast.

Sich selbst zu lieben, ist eine Herausforderung. Sich sympathisch zu finden, ist ein Grundprinzip.

Noch wesentlicher ist es, eine Vorstellung zu haben, wie ich mich selbst behandele - nämlich gut. Ich bin gut zu mir, ich stresse mich nicht, ich bestrafe mich nicht, ich habe eine Wertschätzung für mich. Beim inflationär verwendeten Schlagwort Selbstliebe läuft es mir eiskalt den Rücken hinunter. Das ist fast schon zur Propaganda geworden - von Menschen, die nicht verstanden haben, wie hart es ist, an diesen Punkt zu gelangen. Vielleicht hechelt man sogar völlig aussichtslos diesem Ziel hinterher. Doch es sollte klappen, sich selbst sympathisch zu finden, sich mit Menschen zu umgeben und Erlebnisse zu haben, die einem guttun.

In allem sind wir wählerisch: Wir suchen Monate im Voraus das Hotel für den Urlaub aus, vergleichen wochenlang Autos und können uns nicht zwischen Winterpaket, Leder- oder Cool-&-Connect-Ausstattung entscheiden. Vom Hausbau will ich erst gar nicht anfangen - zu viele Freundinnen habe ich schon über Grundrisse verzweifeln sehen, weil ihre Partner lieber den Hobbyraum wollten und sie selbst die begehbare Ankleide mit Schminkkonsole, beides zusammen aber keine Option war. Bei der Suche nach dem Partner oder der Partnerin fürs Leben ist es dagegen in Ordnung, wenn es gar nicht wirklich mit uns passt?

Damit es passt, müssen beide den gleichen Wertekompass haben. Denn er beeinflusst, wie man mit sich, anderen und der Welt insgesamt umgeht. Wie kann es sein, dass eine intelligente Frau mit einem Mann zusammen ist, der ein Problem mit Schwulen und Lesben hat, und der nicht offen ist? Für mich passt eine solche Kombination nicht zusammen.

Dennoch gibt es Frauen, die gerne den Bad Boy im Bett haben. Sie sind geradezu süchtig nach diesem Gefühl der ständigen Achterbahnfahrt, nach dem Gefühlschaos, dem permanenten Adrenalinkick - und verwechseln das mit Liebe. Treffen sie auf einen Mann, der ihnen keine Kopfschmerzen bereitet, langweilen sie sich. Ich verstehe den Drang nach Aufregung, empfehle aber dennoch die nervenschonende Variante. Weniger Tränen und mehr

Schlaf - das ist auf Dauer gesünder.

Wenn du hingegen bei der Partnersuche unabsichtlich immer auf die Katastrophe stößt, dann solltest du dein Schema ändern. Ich zum Beispiel stehe auf schüchterne Männer. Je ruhiger sie sind, umso attraktiver finde ich sie. Im Gegensatz zu mir haben sie am besten überhaupt keinen Bezug zum Highlife oder zur High Society und suchen nicht das Rampenlicht. Ich finde also Männer attraktiv, die gar nicht zu mir passen. Deshalb würde das zwischen uns nie funktionieren. Er wäre schon zu schüchtern, mich anzusprechen, und hätte auch nicht den Mumm, mit meiner selbstbewussten Art zurechtzukommen. Das weiß ich und suche mir daher den Mann, der in seiner Mitte steht und emotional gefestigt ist. Ich muss nur mit mir vereinbaren, dass ich ihn auch körperlich attraktiv finde.

Weck den Jäger im Mann

Halte Ausschau, aber lass den Mann den Jäger sein! Männer werden nämlich immer träger, Frauen immer verzweifelter. Deshalb glauben sie, sie müssten die Initiative jetzt auch noch übernehmen. Mein Ratschlag:

Wenn er will, kommt er. Wenn er nicht kommt, will er nicht!

Das ist zwar kein Zauberspruch, um den Traummann zu finden, erhöht jedoch die Wahrscheinlichkeit. Wie ich das handhabe? Ich belagere ihn nicht, kratze nicht an seiner Tür und greife auch nicht gleich hektisch zum Handy, sobald eine Nachricht von ihm aufpoppt. Ich genieße meinen Freiraum. Ruft der Mann an - da kann der noch so heiß und attraktiv sein -, habe ich vielleicht dennoch anderes zu tun und rufe ihn später zurück. Und Verabredungen mit meinen Mädels für einen Mann canceln? No way!

Es klingt komplizierter, als es ist!

Ein Mann muss sich schon etwas ins Zeug legen. Das finde ich wiederum sexy, und irgendwann kriegt er auch meine Aufmerksamkeit. Das sind keine Machtspiele, das ist mein Naturell. Wenn mir jemand eine Stunde vor dem Date absagt mit den Worten „Mein Hamster ist krank geworden", sage ich, dass mir das leidtue - und lösche seine Nummer. Versteh mich nicht falsch, es kann immer sein, dass irgendetwas Schreckliches passiert und du verhindert bist. Aber sagt jemand nicht im selben Atemzug, dass er es bedaure und ob eine Alternative möglich wäre, ist das nicht das von mir geduldete Engagement. Denn ich handele auch anders. Muss ich absagen, tue ich das mit einem persönlichen Telefonat. Phone call is the key!

Nur, weil ich den Mann den Jäger spielen lasse,
bin ich noch lange kein angeschossenes Reh.

Ist mein Partner nicht von Anfang an auf dem gleichen Level, wird er mir Jahre später auch Probleme bereiten. Deshalb ist es wichtig, gleich Grenzen zu setzen. Ich kenne die Einwände: Dann bleibe man vielleicht allein. Ja, bitte! Dann entgeht mir die Liebe einer Beziehung. Meine Kompromisslosigkeit erspart mir allerdings den Schmerz, der mich erwartet, wenn ich mit einem Partner zusammen bin, mit dem es nicht passt. Denn was dich zu Beginn stutzig macht, wird dich ein Jahr später um den Schlaf bringen. Das habe ich aus meiner Vergangenheit gelernt, und damit fahre ich sehr gut.

Ich hatte auch wunderbare Zeiten mit Männern, und irgendwann kommt bestimmt einer, bei dem es passt. Wenn nicht, dann freue mich über die kleinen Momente im Alltag. Ein Kandidat parkte vor nicht allzu langer Zeit auf seinem Fahrrad direkt neben mir.

Wowsen!

Das Kölner Rheinufer ist ein Traum - hier fühle ich mich ganz und gar zu Hause. Deshalb schätze ich es, wenn geschäftliche Termine mich hierher führen und es mir erlauben, den Anblick des träge dahinfließenden Rheins zu genießen. So war es auch an diesem herrlichen Frühsommertag, an dem sich das Thermometer auf der angemessenen Höhe bei 22 Grad eingependelt hatte. Wenn du mir schon länger folgst, weißt du, dass ich Hitze hasse. Doch an diesem Tag, an dem ich die Dreharbeiten zu einer Show hatte schneller beenden können, fühlte ich mich richtig wohl. Ich hatte mich rasch frisch gemacht und eine Carmenbluse mit einem luftigen Rock als Outfit ausgewählt. Für einen flotten Ausflug hatte ich mir einen E-Scooter geliehen. Und als hätte ich wie die Bezaubernde Jeannie mit den Augen gezwinkert, stand er auch schon vor mir, ein hochgewachsener Sportsmann in ultraenger Radlerhose, im Anhang sein Mountainbike. Diese Hosen kennen keine Gnade – und zeigen schonungslos alles. Wowsen! Er kam direkt neben mir zum Stehen und blinzelte mich an. Stilvoll verwickelte er mich in ein Gespräch – kein blöder Anmachspruch à la „Hey, was machst du denn hier?", sondern die ernsthaft interessierte Nachfrage, wie es sich mit dem E-Scooter verhalte. Ob es sich lohne, einen auszuleihen, und ob ich wisse, wie viele Kilometer er schaffe. Er vermutete vielleicht, ich hätte keine Ahnung. Da hatte er die Rechnung natürlich ohne die clevere Nicolette gemacht. Denn ich hatte zufällig drei Wochen vorher eine Reportage dazu gesehen. Also gab ich ihm die geballte Wissensladung und erörterte die Vor- und Nachteile verschiedener Hersteller und Modelle, philosophierte über die Wegebeschaffenheit, die Einfluss darauf habe, ob man fünfundzwanzig oder fünfunddreißig Kilometer zurücklegen könne, und so weiter. Ich bekenne mich schuldig: Für ihn war das vermutlich mehr, als er hatte wissen wollen. Doch ich konnte nicht anders – ich war geblendet von seinen dicken Beinen, den strahlend weißen Zähnen und diesen großen Händen. Es war ein klitzekleiner Flirt, ich hätte ihn direkt mitgenommen. Aber leider sprang die Ampel auf grün – und wir fuhren unserer Wege …

„Liebe Nicolette, wurdest du schon einmal von Freundinnen verkuppelt oder würdest du dich verkuppeln lassen?"

Meine Antwort

Auf jeden Fall! Meine Freundinnen kennen mich sehr, sehr gut. Wenn sie einen Mann in zehn Kilometern Entfernung sehen, wissen sie auf Anhieb, ob der was für mich ist oder nicht - optisch sowie charakterlich. Meine Freundinnen wissen einfach, worauf ich Wert lege und auf ihre Empfehlungen ist Verlass. Wenn du sehr gute und lange Freundschaften hast und ihr euch schon länger kennt, ist es also definitiv einen Versuch wert!

DIRTY·DONNERSTAG·SHORT

"Liebe Nicolette, mein Freund ist achtundzwanzig Jahre alt und wohnt immer noch in seinem Kinderzimmer. Er hat auch nicht vor, auszuziehen. Was hältst du davon?"

Meine Antwort
Abstand.

DIRTY-DONNERSTAG-SHORT

„Liebe Nicolette, ich habe eine Frau kennengelernt, die am nächsten Morgen immer dieselbe Unterhose anzieht."

Meine Antwort

Was soll das? Das lernen wir doch schon im Kindergartenalter, dass wir jeden Tag frische Unterwäsche anziehen. Wenn du jemanden kennengelernt hast, der am Anfang supergepflegt war und jetzt nicht mehr, sag diesem Menschen offen, er soll bitte duschen gehen. Das kann jeder wieder in sein Programm aufnehmen. Auf der anderen Seite musst du selbst wissen, ob du mit diesem Verhalten leben kannst. Ich hätte allerdings Angst, dass die Person es auch in anderen Lebenslagen nicht so genau nimmt mit der Reinlichkeit ...

DIRTY-DONNERSTAG-SHORT

Nicolettes Weisheit:

GELASSENHEIT

Ich war früher eine eher ängstliche Person. Dieser Wesenszug rührt vermutlich daher, dass ich von einem Vater großgezogen worden bin, der ganz liebevoll war. Er hatte jedoch auch ein Talent dafür, aus einer Mücke einen Elefanten zu machen. Mein Vater ist ein „Panic Man". Das hat mich lange beeinflusst, sodass ich mir über viele Dinge den Kopf zerbrochen habe. Ich dachte oft darüber nach, was passieren könnte, und malte deshalb gerne den Teufel an die Wand. Dabei ist es doch so: Läuft tatsächlich etwas schief, ist es immer noch früh genug, deswegen traurig zu sein. Vieles erscheint in der ersten Aufregung viel dramatischer, als es am Ende ist oder du es dir vorgestellt hast. Bist du ohne reellen Grund ängstlich, raubt dir das entspannte Lebenszeit. Ich habe das für mich erkannt. Seitdem bin ich gelassener geworden und sehe den Dingen viel entspannter entgegen.

5

Sex: Über Selbstbefriedigung, Praktiken und Pannen

What you see is what you get

Liebe Nicolette, Butter bei die Mutter. Was mache ich, wenn sein Penis zu klein ist, der Mann jedoch ansonsten ein Traum für mich ist?

Oh, I see. Du favorisierst also nimm2 statt tic tac, und du möchtest dich nicht fragen müssen, ob er den Schlüpper schon ausgezogen hat oder noch einen nudefarbenen Slip trägt.

Die politisch korrekte Antwort müsste lauten: Ist er der Mann, der dir die Sterne vom Himmel holt, dein Herz hüpfen lässt, und gibt er dir das, wonach du dich mit jeder Faser deines Körpers sehnst? Dann ist sein Mini-Me kein Problem. Sexuelle Erfüllung hat schließlich nicht nur etwas mit der Penisgröße zu tun! Es gibt viele Situationen, Dinge, Marotten, die sich ausdiskutieren lassen. Vergisst er, dass die Bürste nicht nur zur Deko neben der Toilette steht, lässt sich das besprechen. Körperliche Attribute, mit denen du unzufrieden bist, leider nicht. Spätestens nach der anfänglichen Phase, in der deine rosarote Brille alles viel schöner oder - in diesem Fall - viel größer aussehen lässt, wird es schwierig. Kommt die Erfüllung sexueller Wünsche zu kurz, dann ist meine Prognose: Auf Dauer wird es sich zum einem Krampf entwickeln, und keiner von euch wird damit glücklich werden. Deshalb bewundere ich Menschen, die sexuelle Erfahrungen mit jemandem bis zum Gehtnichtmehr hinauszögern.

Ich kaufe nicht die Katze im Sack.

Über die Penisgröße zu sprechen, ist diffizil. Du kannst nicht einfach sagen, sein Penis sei dir zu klein. Das wäre anmaßend. Du möchtest ja auch nicht, dass ein Mann deine Körbchengröße kommentiert - zumindest nicht, wenn ihm nicht gefällt, was er sieht. Niemand hat das Recht, jemanden derart zu verletzen. Such dir lieber einen Menschen, der eher deinen Vorstellungen entspricht. Du darfst dem anderen nicht etwas anlasten, das er gar nicht ändern *kann*.

Bei mir ist das nicht anders. Ich möchte nicht, dass ein Mann sich etwas aufzwingt, weil ich nicht das bin, was er gerne hätte. Sex ist so etwas Wundervolles, ich will nicht, dass jemand, der mit mir zusammen ist, eine lange Liste an Kompromissen eingehen muss, denn am Ende ist die ganze Beziehung ein Kompromiss.

Was du siehst, ist auch das, was du bekommst - das ist der Deal.

Viagra und Milchschnitten

Liebe Nicolette, alles in meiner neuen Beziehung ist großartig, der Mann ist großartig. Der Sex ist allerdings langweilig, zumal ich mich auch nicht allzu sehr zu ihm hingezogen fühle.

Sex lässt sich genauso schwierig bewerten wie gutes Essen. Ist erst einmal eine bestimmte Qualitätsstufe erreicht, gibt es keine Steigerung mehr. Ist jemand für dich gut im Bett, ist er eben gut im Bett. Ist etwas lecker, sollte man nicht das Haar in der Suppe suchen. Wasser kocht bei 100 Grad Celsius - es brodelt und verdampft, doch die Temperatur steigt nicht mehr.

Diese Vergleiche lassen sich auch auf das Miteinander von zwei Menschen übertragen: Passen sie physisch zusammen und haben auch noch Spaß miteinander, scheint alles tutti zu sein. Ich persönlich rede mir gerne ein, es wäre guter Sex gewesen.

War es kein guter Sex, kann ich das immer fehlerfrei diagnostizieren. Woran es aber lag, lässt sich nur schwer be-

❝

Frauen behaupten immer, sie seien ganz einfach gestrickt. Aber sind wir mal ehrlich: wenn eine Frau von Hamburg nach München fahren möchte, kann es durchaus passieren, dass sie versehentlich einen Abstecher nach Dänemark und Barcelona macht.

❞

nennen: Vielleicht war der Mann nicht so toll, vielleicht habe aber auch ich ihm einfach nicht gefallen und er konnte gar nicht zeigen, welche Tricks er so in seinem Portfolio hat. Die Anzahl der Orgasmen ist sicherlich kein Kriterium für guten Sex, auch wenn ich finde, beide sollten zu ihrem Recht kommen – wofür macht man sich denn sonst die ganze Mühe? Manchmal bleibt das Scheitern auch ein Rätsel. Jeder Mann und jede Frau ist anders. Und ich kann eine gute Pizza eben nicht mit einem Braten vergleichen.

Mit Poesie im Bett kann ich nicht viel anfangen.

Manchmal ist der Sex zum Gähnen langweilig. Das kenne auch ich, man mag es kaum glauben. Doch, doch, ich habe besonders diesen einen Lover vor meinem geistigen Auge – und muss heute noch bei der Erinnerung lachen. Er war so aufmerksam und zuvorkommend. Er legte mir die Welt zu Füßen: Gucci, Prada und Chanel – so schnell sich diese bekannten Markennamen aufzählen lassen, so schnell füllte er meinen Schrank mit Kleidern, Taschen und Schuhen aus den neuesten Designerkollektionen. Zu jedem Treffen brachte er einen neuen Karton mit, den ich in vorfreudiger Erregung öffnete. Diese ließ allerdings im Bett wiederum ganz schnell nach. Sagen wir mal so: Ich mag Romantik, auch wenn ich gestehe, sie nicht erfunden zu haben. Im Bett kann ich mit poetischen Formulierungen dagegen gar nichts anfangen, mir ins Ohr gehaucht lassen sie vielmehr meine Erregungskurve ins Bodenlose fallen: „Darf ich dich jetzt unten küssen?" Und beim Blick auf seine Männlichkeit: „Nicolette, siehst du, wie sehr du mich erheiterst? Ist es in Ordnung, wenn ich mich in dir erleichtere?" Nein, das geht gar nicht. Aus dieser Nummer musste ich schnellstens raus, weil ich keine Hoffnung darauf hatte, dass er eine handfestere Gangart im Bett einlegen würde. Auch wenn das für mich leider zur Konsequenz hatte, dass ich mir die nächste Birkin Bag von meinem sauer selbst verdienten Geld kaufen musste.

Aber wenn es nicht nur eine sexuelle Beziehung ist, musst du ihm ein Personaltraining zusammenstellen. Frauen schauen sich Tutorials an – wie du dir die Haare machst, wie dir das Make-up gelingt, wie du kochst, wie du backst. Irgendwann sitzt es und du könntest quasi direkt deinen eigenen Beautysalon eröffnen. Aber die Männer? Viele schauen einen Porno nach dem anderen und wissen nach Jahren immer noch nicht, wie es tatsächlich funktioniert bei uns Damen. Die Katakomben der Frau sind superkompliziert. Wo muss ich hin? Oben? Unten? Weiter links? Bei diesen vielen Höhlen und Gängen kann der Mann schließlich schon mal die Orientierung verlieren.

Liegt dir etwas an der Beziehung, nimm ihn an die Hand und ab mit ihm ins Bootcamp.

Dabei sind Männer äußerst erfinderisch, wenn es darum geht, die Dame zu verwöhnen. Doch nicht alle Ideen, die sie haben, sind wirklich gut. Einige Männer drücken dein Knöpfchen, als würden sie klingeln, andere pitschen oder sie spielen darauf die einzigen drei Gitarrenakkorde, die sie beherrschen.

Hat man so einen Fall im Bett, hilft nur eines: Zeig ihm, wie es geht und was du magst. Ich glaube, die eigenen sexuellen Vorlieben kannst du jemandem nahebringen – Stück für Stück natürlich und ohne ihn dabei zu überfordern. Das braucht Geduld und Ruhe, als würdest du ihm das Einmaleins erklären – dann klappt das schon.

Ich habe allerdings auch schon von Männern gehört, die ähnlich nervenaufreibende Erfahrungen mit ihrem Gegenüber im Bett gemacht haben. Wir alle können noch dazulernen. Jemanden beim Schengmeng zu kritisieren, ist dagegen immer schwierig, ich kann mich nur wiederholen: Wir entblößen uns, machen uns auch im übertragenen Sinne nackt, und der andere findet keinen Gefallen daran, womit man oder frau sie oder ihn in orgiastische Höhen bringen möchte. In dieser Situation sind wir alle sensibel!

Kein Druck!

Männer fühlen sich permanent unter Leistungsdruck, denn von der Natur sind sie im Vortäuschen sexueller Erregung gegenüber uns Frauen benachteiligt. Ich würde behaupten, viele von ihnen haben keinen blassen Schimmer, ob Frauen tatsächlich erregt sind oder gelangweilt die Stoßbewegungen ertragen. Die besten Schauspieler in Hollywood sind weiblich! Sind Männer nicht gut drauf im Bett, zeigt der Peni traurig nach unten. Das kann sehr schade sein, wie ich aus Erfahrung berichten kann. Kultivierte Konversation, feudales Dinner und sensationelle Urlaube – sobald es aber zur Sache gehen soll, macht sich der Gentleman einen Kopf, wie er in Liebesdingen der Dame seines Herzens geben kann, was sie begehrt. Also denken sie sich: Ran an die blaue Pille!

Ich kann die Verzweiflung der Kavaliere verstehen, die ihrer welkenden Manneskraft nicht mehr Herr werden, aber diese riskante Chemiekeule ist auch nicht immer die Lösung. Der Penis ist ultrahart – aber trotzdem können sie nicht kommen. Der Sex wird immer verzweifelter und drei Stunden später fühlt sich die Frau wie durch die Nudelmaschine gewalkt. Für mich persönlich gilt: Sex, der länger als eine Minute dauert, ist schön. Aber an mir muss sich kein Mann zwei Stunden lang abarbeiten, dafür habe ich keine Zeit – und bleibe lieber bei meiner bewährten Achtzehn-Minuten-Regel.

Guter Sex dauert bei mir achtzehn Minuten, Vorspiel inklusive. Dann hab ich Lust auf eine Milchschnitte.

Drei Minuten gönne ich mir für ein Vorspiel, um auf Touren zu kommen. Dreizehn Minuten gelten dem Hauptakt. Um den Puls herunterzufahren, die Gliedmaßen wieder zu sortieren und das Haar glatt zu streichen, genügen zwei Minuten, in denen ich mich gerne noch über dies und das unterhalte. Dann hole ich mir eine Milchschnitte. Wenn mir jemand erzählt, ihm ginge es um das Gefühl, die Körpernähe, die Verschmelzung zweier Menschen - ehrlich, ich will, dass er kommt, und ich will, dass ich komme. Ich esse ja auch nicht meine Leibspeise, kaue sie genüsslich und spucke dann alles wieder aus.

Verwöhn dich selbst!

Ein Erfolgsrezept, um mit ziemlicher Sicherheit beim Sex zu kommen, ist und bleibt die Selbstbefriedigung. Wer sollte besser Bescheid wissen über das, was du magst, als du selbst? Das gilt übrigens selbst dann, wenn du in einer festen Partnerschaft bist. Das ist wichtige Me-Time und eine der letzten intimen Rückzugsmöglichkeiten. Problematisch wird das Ganze nur, falls das gemeinsame Sexleben nicht rundläuft, dafür aber seine handbetriebene Variante umso runder. Dann würde ich skeptisch und fuchsteufelswild werden und ihn darauf ansprechen. Ob er keinen Bock mehr auf mich habe - oder nur zu faul sei, mich einzubeziehen. Passt das Sexleben ansonsten, und ihr habt Spaß in ausreichendem Maß miteinander, dann ist es vollkommen in Ordnung, sich regelmäßig selbst zu verwöhnen.

Reiterstellung

Liebe Nicolette, ist es normal, dass ich Pornos sehe, deren Praktiken ich niemals leibhaftig ausprobieren würde?

Auch ich schaue Pornos, in denen Praktiken vollführt werden, die ich nicht einmal in Erwägung ziehen würde. Die Motivation dazu ist - und das mag viele überraschen -, dass ich mir dort Inspirationen zu Frisur, Make-up und Kleidung holen möchte. In der Tat habe ich mir vieles davon abgeschaut und halte mich dort heute noch auf dem Laufenden hinsichtlich mancher Schminktipps. Pornos sind manchmal besser als die Fashionweek.

Mittendrin drücke ich auf die Standbildtaste, weil ich den Lidstrich genauso hinbekommen möchte wie die Dame, die gerade mit zwei Männern in Aktion ist. Dann setze ich mich an den Schminktisch und komme richtig in Fahrt – mit Pinsel, Lidschatten und Wimperntusche.

Vor dem Spiegel erreiche ich so fast orgiastischere Zustände als die Darsteller im Film. Aber die Schauspieler haben wirklich ein hartes Los, die müssen richtig hart arbeiten! Würden sie realistischen Sex zeigen, wäre die Branche schon lange tot.

Von solchem Einsatz kann ich nur träumen, denn mir fehlt oft einfach die Energie, mich überhaupt zum Sex aufzuraffen. Selbst dann, wenn sich meine Gedanken um nichts anderes drehen, könnte es passieren, dass ich den Traummann, wenn er klingelt, zur Nachbarin schicke. Wer weiß, was er mir alles abverlangen würde – womöglich sogar, dass ich ihn reite? Die Reiterstellung ist mir ein Graus – ich muss mich oben thronend richtig ins Zeug legen. Hoch, runter, hoch, runter ... Mir schlottern dann irgendwann die Knie und das Schweißrinnsal sucht sich seinen Weg exakt an der Wirbelsäule entlang, bis es hörbar auf die Matratze tropft, um dort mit den anderen Tropfen eine Pfütze zu bilden. Der Mann hält währenddessen seine Kräfte zurück, damit ich bloß nicht nachlasse mit diesem Sport. Kommen kann ich dabei nicht. Das wird ein langer Ritt bis zu meinem Höhepunkt.

Deswegen schätze ich den Doggy-Style so sehr: Einerseits ist es gleichgültig, welche optische Erscheinung der Mann hat, andererseits bietest du einen phänomenalen Anblick – denn ein schöner Rücken kann bekanntlich auch entzücken. Für einen Power Nap kannst du sogar die Augen schließen, während er völlig abgeht, angetörnt davon, wie hinterhältig du doch bist, weil du den Kopf so tief auf dem Kissen ablegst. Wie unterwürfig, wie räudig! Dabei bist

"

Dass meine optische Inspiration nicht gerade einem Rosamunde-Pilcher-Roman entspringt, sondern eher von Pornoseiten, das liegt, glaube ich, auf der Hand.

"

du nur müde und geschafft und willst dich ausruhen. Fantastisch!

Um den Doggy-Style genießen zu können, muss ich allerdings viele Bilder ausblenden. Denn ich habe schon mal den Fehler begangen, vor dem Spiegel zu posieren, um herauszufinden, wie ich von hinten aussehe. Ich war neugierig, und es bot sich mir ein ungewohnter Anblick, besonders beim Hinknien. Deshalb ist meine goldene Regel beim Sex: Ich stehe, leicht nach vorne gebeugt, vorm Spiegel, und das in High Heels – so hat mein Body nur Schokoladenseiten!

Das Altern geht auch nicht spurlos an meinem Körper vorbei. Meine Brüste hängen irgendwann in den Schuhen, und mein Bindegewebe bewegt sich Richtung Erde, als würde es schon mal vorgehen wollen.

Einfach Spitze!

Eines meiner Geheimnisse – doch das bleibt bitte unter uns Pastorentöchtern – sind Spitzenbodys. Ich lade den Gentleman ein, die Tore zu Narnia zu öffnen, oder er schiebt den schmalen Stoff zwischen meinen Beinen gleich ungeduldig zur Seite, wenn seine Vorfreude allzu groß ist. Für uns Frauen bietet der Hauch von Nichts, das uns umhüllt, einen weiteren Vorteil: Fühlen wir uns unwohl, matschig oder haben vorher bei KFC und Burger King gevöllert, dann ist der Body Gold wert. Er wird unten einfach aufgeknöpft – und der Rest des Körpers bleibt in einer formgebenden Hülle eingepackt.

Ein ganz anderes Outfit würde ich für meinen Traum von einem sexy Rollenspiel deluxe auswählen. Viele meiner Freundinnen sind von Beruf Lehrerin – ohne Ruch und Zweideutigkeit. So gerne würde ich mal, mit dem richtigen Mann an der Angel, ihren Arbeitsplatz erkunden. Ich wäre eine Superlehrerin der alten Schule, in einem eng anliegenden Rock, mit einer weißen, bis oben zugeknöpften Bluse. Die Haare hätte ich zum Dutt gebunden und auf meiner Nase säße eine eckige Brille nur, um streng darüber zu blicken und die Brauen zu heben, weil ich empört bin, wie unartig mein Schüler schon wieder war. Der Mann meiner Gelüste fügt sich in sein Schicksal, bekennt sich schuldig und bittet um Verzeihung - vielleicht kann er die Sechs wiedergutmachen, die er geschrieben hat. Ich muss meine Mädels mal nach dem Schlüssel zum Klassenzimmer fragen ...

◆

"

Ich habe eine Freundin,
die beim Sex immer
ausläuft. Irgendwann war
sie so schlau und hat sich
im Baumarkt eine isolierte
Picknickdecke gekauft, die
sie seitdem immer unter-
legt. Als ich neulich bei ihr
war, roch es, als hätte sie
frischen Baiser gebacken.
Dabei war diese Decke
nur im Trockner.

"

„Liebe Nicolette, wie sage ich während des Schengelemengele mit meinem Mann ganz charmant, dass ich ihn nicht untenrum verwöhnen möchte mit dem Mund?"

Meine Antwort

Es gibt ein Zauberwort, das heißt Nein. Doch es gibt eine charmante Art, wenn du etwas nicht machen möchtest und gleichzeitig die Stimmung nicht ruinieren willst. Sag einfach: „Oh mein Gott, ich halte es nicht mehr aus, kommen wir gleich zum Hauptakt." Das zieht immer!

DIRTY-DONNERSTAG-SHORT

„Liebe Nicolette, warum ist Sex mit voller Blase besser?"

Meine Antwort

Ich dachte, ich wäre die einzige! Wenn die Blase randvoll ist, also kurz vorm Platzen, dann ist Schengelemengele super. Ich weiß nicht, ob das jede Frau so empfindet, aber für mich ist das der Knaller.

DIRTY-DONNERSTAG-SHORT

„Liebe Nicolette, warum springen Männer nach dem Sex gleich auf und gehen duschen? Ich fühle mich dann immer so schmutzig."

Meine Antwort

Ich finde es auch abtörnend. Man duscht sich vorher, und wenn dich jemand nicht vollgesprenkelt hat wie im Tortenladen, musst du dich nicht sofort duschen. Was soll passiert sein? Hat er mit Matsch um sich geworfen? Muss er die Sünde von sich schrubben? Das ist für mich das Gegenteil von einem guten Umgang miteinander.

DIRTY-DONNERSTAG-SHORT

Nicolettes Weisheit:

LOSLASSEN

„Du kannst alles regulieren." - „Es läuft alles nach deiner
Nase." - „Du packst das Leben am Schlafittchen." - „Du
machst dir deinen Plan." - „Alles wird so, wie du es gebrauchen kannst." Solche Sätze habe ich schon häufig bei
manchem Lifecoach gelesen. Ich halte mich schon für
einen positiven Mensch und glaube, dass das Leben mir
in die Karten spielt. Wenn ich zwei Stunden im Stau stehe,
dann soll das so sein. Wenn ich verschlafe und meinen
Zahnarzttermin verpasse, dann sollte auch das an diesem
Tag so sein. Aber ich kann nicht alles regeln. Und es ist gut
so, dass es dabei Grenzen gibt. Es liegt nicht immer alles
in meiner Hand, auch wenn es mein Ziel ist, die tausend-
prozentige Kontrolle über alles zu haben. Damit wirst
du genügsam, denn du kannst nicht alles beeinflussen,
manchmal läuft es ungünstig, manchmal besser, als du es
erwartet hast. Es ist also sinnlos zu grübeln. Du solltest
lieber relaxen - und loslassen!

6

Selbstliebe: Über Selbstachtung, Mindset und Bewusstsein

Versuchung im Candy Shop

Liebe Nicolette, nach drei gescheiterten Beziehungen, in denen ich betrogen und fürchterlich behandelt wurde, fällt es mir nun umso schwerer, mich auf jemand Neues einzulassen. Wie kann ich wieder Vertrauen finden?

Wurdest du nach Strich und Faden betrogen, hat er dir das Blaue vom Himmel versprochen und am Ende hast du nur dein blaues Wunder erlebt, dann bist du geprägt für das, was noch kommen mag. Hattest du es nur mit solchen Männern zu tun, zweifelst du an deiner Intuition und baust eine Mauer auf. Deine innere Alarmanlage ist nun so scharf gestellt, dass du an jeder Ecke bereits den nächsten Reinfall vermutest. All deine Sinne sind darauf ausgerichtet, dich vor einer weiteren Enttäuschung zu schützen - wer könnte es dir verdenken? Doch die Mauer schirmt dich auch vor dem Guten ab!

Um sie zu erleben, bist du - so schlimm die Erfahrung auch war - jetzt bestens gerüstet, denn du kennst jetzt die Tricks der Kerle, die fremdgehen und unehrlich sind. Bei mir war das jedenfalls so. All die Nieten, die ich kennenlernen musste, hatten auch ihr Gutes. Sie haben mich gelehrt, auf die Anzeichen für ihre Betrügereien und Tricksereien zu achten. Ich war teilweise naiv, weil ich erwartete, dass mich der andere genauso behandelt wie ich ihn. Mir sind Ehrlichkeit und Offenheit wichtig, und ich fordere sie ein - selbst dann, wenn es bedeuten würde, dass er eine andere Frau spannender findet. Manche Männer denken jedoch, sie könnten auf der Bettschiene zweigleisig fahren, teilweise tanzen sie sogar auf drei oder vier Hochzeiten. Zum Glück für uns Frauen begehen sie dabei allesamt die gleichen Fehler.

Die meisten Männer machen sich nicht einmal mehr die Mühe, eine Ausrede zu erfinden.

Ein Klassiker aus meiner Erfahrungsschatzkiste findet in unzähligen Beziehungen rund um den Erdball jeden Tag aufs Neue statt. Dein Partner schaut in seinen Terminkalender und schaufelt sich ein paar Stündchen zwischen Mittagessen und dem nächsten Geschäftstermin frei, um das Sidechick zu beglücken. Da du ihm nicht wie eine Klette um den Hals hängst, stellt er sich das sehr leicht vor. Er braucht eine gute Ausrede. Aber seien wir mal ehrlich: Die meisten Männer geben sich nicht einmal mehr die Mühe, eine plausible Erklärung für dieses Zeitloch zu liefern. Die Chance, dass ihre Freundin nachfragt, steht schließlich fifty-fifty. Also immer einen kühlen Kopf bewahren und locker durch die Hose atmen. Erdreistet sich ihre First Lady dennoch, hinterher nachzufragen, bringt er als souveräne, aber fadenscheinige Begründung vor, er sei nicht erreichbar gewesen. Ja klar, das hat sie nach dem dritten vergeblichen Anruf selbst gemerkt, du Schlauberger. Also bohrt sie ein wenig weiter, ob er tot umgefallen oder von Bauer Heinrichs Traktor erfasst worden sei. Er bringt nur eine lahme Antwort hervor wie „Ich bin auf der Couch eingeschlafen". Das ist der Gipfel der Unverfrorenheit, weil er ihre Intelligenz derart unterschätzt. Er gibt also vor, eingeschlafen zu sein – mit dem Smartphone in der Hand, im Märchenprinzschlaf versunken, sieben Stunden lang und in der gleichen Position verharrend. Dafür erwarten sie von uns ein Bedauern dafür, dass sie so einen harten Tag gehabt hätten und völlig entkräftet auf der Couch zusammengesackt seien.

Wir haben keine Angst vor neuer Liebe, sondern fürchten um alten Schmerz.

Es gibt immer noch Frauen, die solche Ausflüchte akzeptieren. Sie wollen bloß keinen Stress machen, weil sie wissen, dass ihr Partner dann das Weite suchen wird. Männer mögen es unkompliziert und wollen im wahrsten Sinne des

Wortes ihr Ding durchziehen ... Diese Frauen sind meistens auch diejenigen, die strikt behaupten, sie hätten kein Problem damit, wenn ihr Partner mit seinen Kumpels nach Mallorca fliege. Als Argument verweisen sie darauf, er könne auch zu Hause fremdgehen, was er selbstverständlich nie tun würde. Warum auch, bei ihnen bekomme er schließlich ja alles. Alle, die je in ihrem Leben eine Diät gemacht haben, werden mir jetzt zustimmen: Die Wahrscheinlichkeit, schwach zu werden, ist in einem Süßwarenladen, in dem Lakritzstangen, Gummibärchen und Lollis dicht an dicht stehen, höher als daheim, wo die Schublade für Naschereien halb leer oder mit einem Schloss gesichert ist. Nur sind die Konsequenzen eines echten Seitensprungs sehr viel dramatischer, als das Cheaten während einer Diät.

Nennen wir das Kind beim Namen. Betrogen zu werden ist eins der schlimmsten Dinge, die in einer Beziehung passieren können. Man hat das Gefühl, den Boden unter den Füßen weggezogen zu bekommen und in ein tiefes Loch zu fallen. Der Vertrauensbruch kann in der nächsten Beziehung dazu führen, dass man dem neuen Partner nachspioniert und mit Kontrolle und Misstrauen reagiert. Dadurch werden jedoch alte Wunden erst recht wieder aufgerissen und Distanz statt Nähe aufgebaut. Es ist dann eine große Herausforderung, das Vertrauen in den Gegenüber neu zu erlernen und aufzubauen.

Solltest du über einen längeren Zeitraum mit den Auswirkungen des Betrogenwerdens zu kämpfen haben, solltest du das ernst nehmen und dir unbedingt fachärztliche Hilfe in Form eines Psychologen oder Therapeuten suchen. Denn die seelische Verletzung kann sich so tief verankern, dass sie zu einer Posttraumatischen Belastungsstörung führt. In einer Therapie lernst du, mit dir, deinen Gefühlen und der Situation umzugehen und vor allem, wieder handlungsfähig zu werden und deinen eigenen Wert zu erkennen.

Der Traum vom anderen Leben

Liebe Nicolette, ich habe Träume, Sehnsüchte und Verlangen nach einem anderen Leben, einem anderen Ich, aber es scheint so fern.

In der Fachliteratur wird oft empfohlen, ein Vision Board zu erstellen. Darauf sollen diejenigen, die sich nach einer Neuausrichtung ihres Lebens sehnen, alles notieren, was sie sehen, machen oder erreichen möchten. Ich halte diese Methode für ziemlich kitschig, weil ich aus eigener Erfahrung weiß, dass diejenigen, die ihre Ziele so konkret notieren können, längst auf dem richtigen Weg sind.

Hätte man mich vor zehn Jahren dazu aufgefordert, mein eigenes Vision Board zu erstellen, hätte ich mich nicht einmal getraut, all meine Wünsche aufzuschreiben. Alles, was ich mir inzwischen erfülle und laut ausspreche, hätte ich damals nie zum Ausdruck gebracht oder bringen können. Von klein auf wurde mir - wie vielen anderen - beigebracht, Teil eines Systems zu sein. Anpassung war hier das Stichwort, man sollte dabei weder hoch- noch übermütig sein, sondern seinen Platz zwischen vielen kleinen Rädchen einnehmen.

„Wenn du träumst, musst du größer als groß träumen" - diesen klugen Rat gab mir am Anfang meiner Karriere meine liebe Freundin Sophia Vegas.

Vor meiner Karriere dachte ich noch, ein bisschen Bescheidenheit hätte noch niemandem geschadet. Dennoch spürte ich damals schon, dass ich irgendwann aus der Masse heraustreten und an die Öffentlichkeit gehen würde. Diese Ader hatte ich schon als Kind in mir. Dennoch habe ich lange dieser tiefen Intuition keine Bedeutung zugemessen - schlimmer noch: Ich schlug zunächst den Weg ein, den andere für mich vorgesehen hatten.

So dachte ich, ich bräuchte einen Nine-to-five-Job mit den üblichen dreißig Urlaubstagen im Jahr. Jeden Morgen früh aufstehen, um Abend, müde von der Arbeit, frühzeitig ins Bett zu fallen. Bist du abends nicht platt von der Schufterei des Tages, hast du nichts geleistet und damit keine Berechtigung, Geld zu haben - es also nicht verdient. Ich komme aus der bürgerlichen Mittelschicht und uns mangelte es an nichts. Doch das exklusive Leben, reich sein, bekannt sein, eine schöne Frau sein, die einmal in der Woche zum Friseur und zur Kosmetikerin geht, die ihren Hausputz einer Zugehfrau überlässt, das war nicht für mich bestimmt.

Aber irgendwann machte es Klick bei mir: Ich wollte diese Ziele erreichen! Die große Kunst, bevor man das neue Leben visualisieren kann, ist, die eigenen Träume und Sehnsüchte zu identifizieren. Du brauchst eine Trennschärfe zwischen den Zielen, die deine sind, und den Vorstellungen, die andere für dich haben. Du brauchst Leidenschaft und große Willensstärke, um auf die Erfüllung deiner Träume hinzuarbeiten - und eine ebenso große Ausdauer, um am Ball zu bleiben. Denn es ist leider selten, dass dir das alles in den Schoß fällt.

Da draußen sind viele Menschen, viele Talente, die von einem anderen Leben träumen.

Social Media ist ein Tool, das oft verflucht wird. Die Menschen, die das tun, sehen jedoch nur die negativen Seiten, die es zweifelsohne auch gibt. Instagram & Co. bieten jedoch auch die Chance, die eigene Stimme hörbar zu machen. Ob das, was du über den Äther sendest, interessant ist und gehört werden will, steht auf einem anderen Blatt. Doch die potenzielle Reichweite dieser Medien, die eigenen Worte in die Welt zu tragen, ist großartig. Ohne sie gäbe es den *Dirty Donnerstag* nicht. Du weißt, dass ich Menschen schon immer gerne an meinen Sprüchen habe teilhaben lassen – sei es im Freundeskreis oder im Großraumbüro mit den Kolleg*innen. Aber hätte ich je gedacht, dass sich Tausende von Menschen im In- und Ausland für mich interessieren könnten? In meinen kühnsten Träumen nicht! Und warum nicht? Ich glaube fest daran, dass alle etwas Besonderes haben oder können. Man muss das nur irgendwann für sich erkennen und sich mit seinen Stärken und Talenten aus der Deckung wagen.

Zu spüren, dass das, was ich gerne tue, Anklang findet, hat meinen inneren Motor angeworfen. Ich wurde immer mutiger, zum Beispiel ganz offensiv mit meinen Standpunkten umzugehen. Oder eine eigene Klamottenlinie zu designen. Bücher zu schreiben. Schau: Dieser Wunsch ist bereits in Erfüllung gegangen – warum also sollten es all die anderen, die noch in meinem Kopf herumschwirren, nicht auch? Gerade weil ich meine Träume zum Ausdruck gebracht habe, passieren sie auch.

Spaßfaktor

Es gibt viele Menschen, die keine Leidenschaft empfinden – sie kochen nicht mit Leidenschaft, sie lieben nicht mit Leidenschaft und mit ihrem Job verdienen sie sich schlicht ihren Lebensunterhalt. Dann wiederum gibt es Menschen, die haben so große Lust auf ihren Beruf, dass sie damit andere in ihren Bann ziehen.

Wenn du deinen Job gerne machst, machst du ihn gut. Dann ist es sogar kein Job mehr.

Bist du eine Nagelfee und hast deinen Maniküretisch samt Lackfläschchen, Feilen und Rosenholzstäbchen in einer Garage im letzten Hinterhof der Stadt untergebracht, machst deine Arbeit aber mit Herzblut, überzeugen die Ergebnisse und deine eigene Art. Deine Kundinnen werden von dir berichten, sie werden dich weiterempfehlen, und ehe du dich versiehst, pfeifen die Spatzen von den Dächern, welches Talent du hast. Die Menschen werden dich finden - auch wenn sie das Garagentor erst suchen müssen.

Noch nie hatten die Menschen so große Chancen, für ihre Produkte, für ihre Ideen und Innovationen Werbung zu machen. Alle können diese Möglichkeiten nutzen und niemand sollte sich selbst begrenzen!

Damit meine ich auf keinen Fall, dass es nicht okay wäre, klassische Berufe auszuüben. Viele meiner Freundinnen sind Lehrerinnen. Sie sind für sich den Deal eingegangen, morgens früh aufzustehen, mittags nach Hause zu fahren, am Wochenende die Klassenarbeiten zu korrigieren, dafür aber verbeamtet zu sein und gut zu verdienen. Sie sind damit zufrieden, wer wäre ich, das anzuzweifeln? Genauso meine Mutter. Seit ich sie bewusst erlebe, ist sie Unternehmerin. Sie hat mehrere Salons aufgebaut und ist ihr ganzes Berufsleben schon Friseurin. Von morgens bis abends macht sie Balayage, schneidet Haare oder wickelt Dauerwellen. Sie tut das mit Leib und Seele. Noch nie hat sie sich beschwert.

Wenn du dich allerdings durch deinen Arbeitsalltag schleppst, rate ich dir, deine Jobwahl zu überdenken. Bist du Autorin und schaust schon morgens missmutig auf deinen Laptop, dann ist das vielleicht nicht der richtige Beruf.

Meinen Job würde ich auch für ein Zehntel des Geldes machen.

Es gibt tausend Möglichkeiten - und alle sind besser als die, sich durch einen Job zu quälen. Niemand muss Arzt werden, weil die Eltern Ärzte sind. Die Woche auszuhalten, bis Wochenende ist - welch verschenkte Lebenszeit! Ich bin nicht naiv und weiß nur zu gut, dass wir Geld brauchen, um unsere Existenz zu sichern oder um uns auch

einmal etwas Luxus erlauben zu können. Doch die Begeisterung und Leidenschaft, mit der ich etwas tue, sind
wichtiger, als in einem System zu funktionieren. Das ist
meine Überzeugung, und dazu möchte ich alle ermutigen.
Meinen Job würde ich für ein Zehntel des Geldes tun, weil
ich jeden Morgen aufwache und spüre, wie viel Freude ich
daran habe. Stehst du jeden Tag mit dem Gefühl auf, mit
deinem eigenen Schicksal zu hadern, hast du keinen Bock
mehr darauf und kannst es verantworten - dann hör auf!

If you can dream it, you can do it
Was bedeutet es eigentlich, glücklich zu sein? Für mich
beinhaltet Glück, die Entscheidungsfreiheit darüber zu
haben, was ich mache, wie ich es mache und ob ich es
überhaupt mache. In dieser Freiheit wird hoffentlich niemand beschnitten. Wer sie hat, ist in der Lage, den eigenen
Körper, Geist, die Gefühle in Einklang zu bringen, und kann
damit glücklich werden.

Disziplin ist essenziell, um glücklich zu werden.

Ziele zu visualisieren, ist das eine. Sie zu verfolgen, erfordert Willensstärke und Disziplin, es ist die Kontrolle über
den eigenen Willen. Entscheide ich mich irgendwann, auf
dem Land zu leben, dann genügt der Wunsch allein nicht.
(Übrigens tatsächlich ein heimlich gehegter Traum von mir:
Ich möchte auf dem Land leben, in einem großen Haus mit
Landhausküche, weitläufigem Grundstück und ein bisschen Vieh. Ich möchte Traktor fahren, viel ernten und kochen. Zwischendurch möchte ich zu Shows fahren, weiterhin in der Entertainmentbranche arbeiten - und mich
nach dem tosenden Applaus meines Publikums wieder
auf meinen Hof zurückziehen.) Denn es braucht Mut -
und Disziplin. Ich muss mich informieren, andere nach
ihren Erfahrungen befragen, mich zum Beispiel nach dem
passenden Objekt umschauen und das Geld dafür sparen.

Das sind viele kleine Schritte, aber ohne jeglichen Einsatz wird es ein Traum bleiben. So ist es mit allem im Leben: Denke ich, ich müsste zehn Kilo abnehmen, um glücklich zu sein, braucht es eine große Portion Disziplin, das Essen einzuschränken und um die Eisdiele einen großen Bogen zu machen. Bin ich mit meiner Familie verkracht, muss ich entscheiden, ob ich mich nicht besser von ihnen distanziere, weil sie mir nicht guttun. Das erfordert Disziplin. Und gilt eben auch für eine Partnerschaft.

Sich einen Partner auszusuchen, ist eine hundertprozentig freiwillige Entscheidung. Die Beziehung, in der ich bin, ist ebenso freiwillig – egal ob sie schön ist oder nicht. Ich habe die Wahl, jederzeit zu gehen oder die Konflikte in meiner Beziehung anzusprechen, auszudiskutieren und auszuräumen. Das verlangt von beiden Partnern ein gewisses Maß an Disziplin. Ich betone das so stark, weil diese Form des (selbst-)bewussten Handelns die Grundvoraussetzung dafür ist, glücklich zu werden.

Platz da, jetzt komme ich!

Lange Zeit, bevor ich die Showtreppe hinunter vor Publikum trat, war ich Visagistin. Mit Puderquaste, Eyeliner und Lippenstift habe ich denjenigen ein Make-up verpasst, die – bis auf einige Ausnahmen – besser nicht vor der Kamera gestanden hätten. Ich musste mit ansehen, wie oft manche Moderator*innen einen Take fünfzigmal wiederholen mussten, weil sie nicht in der Lage waren, sich einen kurzen Aufsager zu merken – oder wenigstens clever zu improvisieren. Gerne hätte ich gesagt: „Ich hätte das in drei Sekunden erledigt, und zwar viel lustiger." Das habe ich mir aber selbstverständlich verkniffen. Ich musste erleben, wie berühmte Menschen, die viel Glück und wenig Talent hatten, trotzdem viel Kohle scheffelten und das Personal furchtbar behandelten. Ich, die unscheinbare Nicolette, stand mittendrin und fragte mich, warum mich niemand hörte oder sah.

Nichts kommt von allein.

Wie hätte das jemand hören oder sehen sollen? Machst du deinen Mund nicht auf, tust du nichts dafür und es fällt dir nichts in den Schoß. Heute darf ich so wunderbare Projekte vor der Kamera machen und verliere dennoch nicht den Blick für die Menschen dahinter. Auch unter ihnen sind bestimmt große Talente, die den Schritt (noch) nicht nach vorne gewagt haben, weil sie sich nicht trauen oder weil ihnen jemand suggeriert, sie wären dafür ungeeignet. Das ist jammerschade.

Ich habe so viele Jobs gemacht, die weder gut für meinen Körper noch für meine Seele waren. Wenn mir heute jemand eine solche Stelle anböte, würde ich ihn vom Hof jagen - selbst dann, wenn der nächste Job nicht schon um die Ecke warten würde und ich somit vor dem Nichts stünde.

*Ich würde eher putzen gehen, als nach
irgendjemandes Pfeife zu tanzen.*

Etwas Besseres, als mich selbstständig zu machen, hätte mir nicht passieren können. Es bedeutet für mich den größten Luxus, darüber entscheiden zu können, mit wem ich Geschäfte mache, zu welchen Konditionen und wen ich zu meinen Kund*innen zähle. Möchte ich morgen in den Urlaub fliegen, tue ich das. Ist es mir wichtig, tagelang durchzuarbeiten und wenig zu schlafen, dann mache ich das - aus ganz freien Stücken! Meine Lebensqualität wird dadurch bestimmt, dass ich am Leben teilnehme. Ich verfüge frei über meine Zeit, keine Vorgesetzten, die mir den Urlaubszettel mit dem Hinweis zurückgeben, die Kolleg*innen mit Kind haben in der Ferienzeit Vorrechte, und auch kein Projekt, das zwingend in vierzehn Tagen abgeschlossen sein muss.

Bevor ich mit Social Media angefangen habe, war ich für ein amerikanisches Kosmetikunternehmen im Außendienst unterwegs. Mit dem Auto bin ich zu Kund*innen gefahren und habe Produkte verkauft. Klinkenputzen nennt man das - ein undankbarer Job, besonders wegen der blasierten Verkäuferinnen, die mich allzu argwöhnisch beäugten. Ging ich in ein Geschäft, haben sie mich ausgelacht. Hinter meinem Rücken haben sie getuschelt, darüber, dass ich operiert, aufgespritzt, wie eine Prostituierte angezogen sei und denken würde, ich sei eloquent und intelligent. So schnell, wie sie mich abgestempelt hatten, hatte ich nicht einmal meine Produktproben auf den Tresen gelegt. Einige von ihnen habe ich später übrigens in den Reihen meines Saalpublikums entdeckt.

Damals gaben sie mir keine Chance, hörten mir nicht zu - und jetzt zahlen sie Eintritt dafür. Wo ist denn der Unterschied zwischen der damaligen Nicolette und der heutigen? Inzwischen bringe ich Menschen dazu, ihre festgefahrenen Meinungen zu überdenken - dadurch, dass ich vielleicht aussehe wie eine Las-Vegas-Braut, aber auf lustige Art intelligente Ansichten vertrete. Wenn ich es schaffen könnte, dass niemand mehr einem anderen Menschen vorurteilsbehaftet einen Sticker auf die Stirn kleben würde, dann hätte ich eines meiner großen Ziele erreicht. Dann könnte ich all die Kritiker*innen Lügen strafen, die abschätzig darüber schrieben, dass ich mich für „den neuen Star am Vloggerhimmel" hielte.

Plan B

Heute top, morgen Flop? Hätte auf einen Schlag niemand mehr Interesse am *Dirty Donnerstag*, an meiner Comedy oder meinen Büchern, stünde mein Plan B schon fest: Ich würde Stewardess werden, 1 800 Euro im Monat verdienen und diesen Job von ganzem Herzen lieben. Ich war vor einigen Jahren kurz davor abzuheben, dann ging jedoch meine Karriere steil.

Schon immer war es mein Traum, Flugbegleiterin zu werden. Bevor ich dreißig und zu alt für das Bewerbungsverfahren wurde, habe ich mich bei der Lufthansa gemeldet. Ich hatte mehrere Abschlüsse in der Tasche, doch dies war mein Traum. Das Vorstellungsgespräch absolvierte ich mit Bravour, dann erreichten mich die ersten lukrativen Angebote im Showbusiness. Ich musste mich entscheiden – Jet oder Jetset? Gar nicht so einfach, aber ich fragte mich kritisch selbst, welche Chance nie wieder käme. Hier sind wir nun und die Antwort darauf hältst du in den Händen. Würde das, was ich jetzt tue, keinen Erfolg mehr haben und niemanden mehr interessieren: Ich dränge mich bestimmt nicht auf. Ich gebe auch nicht die traurige Gestalt, die durch Talkshows tingelt und davon erzählt, welche großen Erfolge sie einst hatte. Ich würde wieder bei der Lufthansa anklopfen. Die Zeitungen hätten ein gefundenes Fressen und könnten titeln *Der tiefe Fall der Nicolette*. Das wäre mir so egal, denn wieder einmal hätte ich meine Entscheidung zu 100 Prozent getroffen und das bedeutet Glück.

Perfekte Kombi?

Liebe Nicolette, sollten wir uns nicht zuerst fragen, passt die Sache zwischen Mann und Frau überhaupt?

Ich halte an meiner Überzeugung fest, dass sich in der Natur die Frau den Mann aussucht – und nicht umgekehrt. Wir als Frauen senden Signale aus, die ihm zeigen, dass er uns umwerben darf. Wir sind es auch, die das letzte Okay geben. Sagt eine Frau Nein, hat ein Mann keine Chance. Viele Männer würden von sich aus viel weniger Gelegenheiten zum Schengelemengele ablehnen.

Grundsätzlich bin ich dennoch ebenso überzeugt, dass

es zwischen Mann und Frau funktioniert, wenn beide ihre Unterschiede respektieren und sie sich als gegenseitige Ergänzung betrachten. Dann kann es sehr schön zwischen ihnen sein – so wundervoll wie alle einzeln für sich. Denn ich halte Frauen für wunderbar, Männer aber eben auch. Ich genieße es, wenn er wirklich ein Mann ist – dann kann ich mich gar nicht sattsehen an seinem Körper, den nackten behaarten Beinen und der behaarten Brust. Perfekt ist es, wenn er dann noch eine sonore Stimme hat.

In der Theorie sind Mann und Frau also eine großartige Kombi. Ob die konkrete Beziehung funktioniert, hängt vor allem davon ab, ob es wirklich passt und ob beide wollen. Das sind die schmerzvollsten Fragen überhaupt. Denn müsst ihr sie negativ beantworten, lässt sich nichts daran ändern, weder dadurch, dass ihr euch bemüht, noch dadurch, dass ihr an eurer Beziehung arbeitet. Natürlich musst du auf die andere Person achten, ihr Aufmerksamkeit schenken und am Ball bleiben. Aber manchmal passt es eben einfach nicht.

Wie stabil eine Beziehung ist, merkst du nicht dann, wenn gerade alles geil ist.

Besonderes Mitgefühl habe ich mit den Menschen, bei denen die emotionale Verbundenheit in der Partnerschaft groß ist, es dafür allerdings an etwas anderem mangelt. Wie oft habe ich schon Kontakt zu Frauen oder Männern gehabt, die sich nach einer jahrelangen Beziehung kein Leben mehr ohne den anderen vorstellen können, aber den gemeinsamen Sex vermissen ... Das Liebesleben wurde immer weniger, bis es irgendwann ganz einschlief. Dennoch haben beide nach wie vor ein sexuelles Verlangen, das die andere Person jedoch nicht mehr befriedigt. Das sind vertrackte Situationen. Was soll ich da raten? Soll ich raten, die Beziehung zu verlassen, obwohl die eine Person bedingungslos von der anderen geliebt wird? Unsere Mütter würden sagen, man könne nicht alles haben. Sie würden betonen, man müsse Abstriche machen, weil es die perfekten Partner nicht gebe. Trotzdem lässt sich dieser Punkt nicht einfach wegdiskutieren – davon abgesehen, dass ich nie erwarten würde, jemand könnte „perfekt" sein. Doch die Basis muss stimmen. Von meiner Warte aus gehört dazu bitte auch Sex in dem Maße, wie beide es wollen. Das ist nicht weniger wichtig als ein empathischer, liebevoller Umgang miteinander. Schließlich gibt es auch in meinem Umfeld Paare, die mir zeigen, wie glücklich und zufrieden sie sind, weil die Kombi in ihrer Beziehung vollkommen ist.

Für alle gilt – und dabei meine ich jede denkbare Paarkombination, auch die gleichgeschlechtliche –, dass sie sich mit ihrem Gegenpart wohlfühlen sollten. Dann kann eine Beziehung das Beste sein, was es im Leben gibt.

Ich möchte, dass meine Bedürfnisse genauso im Vordergrund stehen wie die meines Mannes.

Extremes Vertrauen – das ist unter anderem, was eine Partnerschaft, die auf Liebe basiert, definiert. Ich möchte, dass es meinem Partner genauso gut geht wie mir. Wenn es dem anderen nicht gut geht, möchte ich fühlen, wo sein Schmerz herkommt, und alles dafür tun, dass dieser so schnell wie möglich wieder verschwindet. Hast du dieses Gefühl, ist es Liebe.

Ob deine Beziehung Qualität und Tiefe hat, ob dein Partner oder deine Partnerin loyal und als Stütze an deiner Seite ist, merkst du nicht in den Zeiten, in denen alles rosig ist. Die wahren Bewährungsproben, die zum Prüfstein für die Partnerschaft werden, sind Krisensituationen. Erst dann merkst du, wie stark der Fels in der Brandung tatsächlich ist, wie stark die Schulter ist. Leider musste ich die Erfahrung machen, dass sich manche Männer in dieser Hinsicht selbst ins Aus geschossen haben.

So habe ich einmal mit einem Kerl zusammengelebt. Wir

haben die gemeinsame Zeit genossen: Ich habe ihn mit meinen kulinarischen Künsten begeistert, er war im Bett der Hit. Es schien wunderbar zu laufen, bis ich irgendwann krank wurde. Ich hatte mehrere Tage lang hohes Fieber, konnte mich kaum vom Bett auf die Toilette bewegen, geschweige denn mich allein waschen oder anziehen. Ich benötigte dringend Hilfe, jemanden, der mir bei den einfachsten alltäglichen Anforderungen wortwörtlich unter die Arme griff. Ich brauchte jemanden, der mir Medikamente aus der Apotheke holte und etwas zu essen zubereitete. Doch dieser Mann zog wieder in sein Kinderzimmer, weil er Angst hatte, sich bei mir anzustecken, wenn er sich mit mir in einer Wohnung aufhielte. Als ich wieder genesen war, glaubte er, wieder in die gemeinsame Wohnung zurückkehren zu können. No way!

Ein anderer Mann hatte vermutlich eine Krankenhausphobie. Denn dort lag ich vier Wochen lang wegen einer lebensbedrohlichen Hirnhautentzündung. Ich übergab mich permanent, hatte starke Kopf- und Gliederschmerzen. Würde es meinem Partner so ergehen, säße ich zitternd um seine baldige Gesundung Tag und Nacht an seinem Bett. Ich würde ihm jeden Wunsch von den Lippen ablesen, in der Hoffnung, ihn dadurch ein bisschen aufzumuntern und ihm so zu zeigen, dass ich für ihn da sei - komme, was da wolle. Der Partner an meiner Seite hatte offenbar andere Maßstäbe. Exakt ein einziges Mal besuchte er mich in diesem Monat eine knappe Stunde lang.

Ich kenne einige Frauen, die ähnliche Aussetzer ihres Partners in Krisenmomenten erlebt haben. Viele von ihnen halten dennoch an ihrer Beziehung fest - und erfinden sogar noch Glaubenssätze, warum er sich so verhalten habe.

Freundschaft plus, oder: Sex ist nicht Liebe

Viele wähnen sich in dem Glauben, zwischen Mann und Frau wäre eine reine Freundschaft möglich. Ich bin nach wie vor der Meinung, dass es schwierig ist, obwohl es vermehrt Beispiele in meinem Umfeld gibt, die wohl das Gegenteil belegen. Für mich persönlich schließe ich es jedoch aus. Würde ein Mann mich nicht anziehend und begehrenswert finden, sondern nur in mir die Kumpeline sehen, könnte das durchaus an meinem Ego kratzen. Denn natürlich möchte ich eine bestimmte Wirkung auf Männer haben und betreibe dafür einen großen Aufwand. Ich bin befreundet mit Männern oder, sagen wir, ich habe gute Bekannte männlichen Geschlechts, aber ich glaube auch, mit allen habe ich eine sexuelle Vorgeschichte.

Nicht alle Frauen ticken so wie ich. Einige haben die Sehnsucht, am Ende so den passenden Deckel zu finden und versuchen es mit einer Freundschaft plus. Meine Warnung seit Jahren: Lasst die Finger davon! Oft verwechseln gerade Frauen Sex mit Liebe. Wir glauben, ein Akt, der so intensiv wie Sex ist, bei dem sich zwei Körper mit großer Hingabe vereinigen, müsste auch einen emotionalen Wert haben. Frauen plagt außerdem noch oft das schlechte Gewissen, ihrer Wollust freien Lauf zu lassen und den Sex so zu genießen, wie Männer es können. In ihnen steigt dann förmlich Empörung auf, der Mann hätte sie für seine Gelüste missbraucht, ohne wenigstens zum Abschied ein „Ich hab dich lieb" zu raunen.

Deshalb bewegst du dich auf dünnem Eis, möchtest du das Wagnis einer Freundschaft plus eingehen. Wie ein Mantra musst du dir immer wieder „Ich will nur Sex, ich will nur Sex, ich will nur ..." sagen – und „unter keinen Umständen möchte ich mich verlieben." Geschieht das dennoch, bist du die Gelackmeierte, denn dann hoffst und hoffst du, diese Liaison könnte vielleicht doch noch in eine Beziehung münden. Du gibst alles, weil auf deiner Schulter ein kleines Teufelchen sitzt, das dir zuflüstert, deine Bemühungen würden irgendwann schon zum erhofften Ziel führen. Sex hat uns schon einmal zusammengebracht, dann wird es auch für mehr reichen, wenn ich mich nur genug verausgabe. Ich lehne mich nicht so weit aus dem

＊—————◆—————＊

**Es gibt da draußen
großartige Männer! Das
kann ich nicht oft genug
betonen.**

Fenster zu behaupten, es sei noch nie vorgekommen, dass sich zwei Menschen für das Schengelemengele trafen, sich verliebten und daraus eine innige Beziehung entstand - nichts Menschliches ist mir fremd -, aber es ist sicherlich die Ausnahme.

Für Affären würde ich mir nur Männer suchen, die ich für nichts gebrauchen kann - außer für den Peni.

Kritisch wird es, wenn Gefühle nur bei einem von beiden entstehen. Dann kracht es, weil es für die eine Person ums Herz, für die andere um Sex geht. Häufig bricht das Konstrukt auch dann zusammen, wenn sich eine der beiden in jemand anderen verliebt. Als weinende Dritte fühlst du dich dann wie das fünfte Rad am Wagen, wie diejenige, die nicht gut genug war für eine Beziehung. Das sind die Fälle, in denen sich besonders häufig Frauen an mich wenden, um von mir einen Rat einzuholen. Sie haben ein Problem damit, dass der Sexpartner, von dem sie sich mehr erhofft hatten, plötzlich mehr Interesse an einer anderen zeigt und sie links liegen lässt. Leider habe ich für diese Frauen keine guten Nachrichten. Euer Deal war es, nur Sex zu haben. Du wolltest mehr, also ist das dein Problem - und nicht seines. So sehr ich nachvollziehen kann, wie blöd sich das anfühlt, ihm dafür Vorwürfe zu machen, wäre unfair.

Wegen all dieser Irrungen und Wirrungen bleibe ich bei meiner Meinung: Entweder wir haben eine Beziehung oder eine Freundschaft. Diese Klarheit muss ich vorher schaffen - vor allem muss man wissen, was man selbst möchte. Ich hätte mich nicht genug im Griff, um beides miteinander zu vermischen. Deshalb gehe ich sogar noch einen Schritt weiter und halte mich an mein Rezept, mir nur Männer für Liebschaften zu suchen, die ich einzig wegen ihres Peni gebrauchen kann. Klingt hart, ist aber eine sichere Nummer!

Gift für die Seele

Liebe Nicolette, ich bin in einer katastrophalen Beziehung. Es fühlt sich falsch und toxisch an. Könnte mein Partner ein Narzisst sein? Wie komme ich aus eigener Kraft aus der Beziehung raus?

Die Begriffe toxisch und Narzissmus werden mittlerweile inflationär verwendet. Natürlich gibt es Menschen, die nicht reflektieren und sich wandeln können - und auch so sterben werden. Sie können ohne Zweifel großen Schaden anrichten, besonders wenn sie in einer Beziehung ihren Partner oder ihre Partnerin mit nach unten reißen.

Ein Narzisst ist dennoch ein anderes Kaliber Mensch. Narzissmus ist eine Diagnose. Es handelt sich um Menschen mit einer ernst zu nehmenden Persönlichkeitsstörung, die in professionelle, therapeutische Hände gehören. Das Tragische dabei ist, dass ein Narzisst glaubt, er wäre unwiderstehlich. Er versteht schlicht nicht, warum er überhaupt beim Therapeuten ist. Natürlich gibt es auch da immer Ausnahmen. Die einzige Chance, die du hast, wenn du einem Narzissten begegnest, ist, dich selbst zu retten. Tust du das nicht, wird er dafür sorgen, dass deine Psyche binnen kürzester Zeit in einem desolaten Zustand ist.

Viele Leute wissen nicht, auf welchem Grundprinzip Beziehungen beruhen. Wie sie sich im Persönlichen ausgestaltet, ist immer ein individuelles Konzept. Dennoch gibt es etwas, das allen gemein ist: Beziehung bedeutet, ich beziehe mich auf einen Menschen (oder auf zwei oder drei). Das erfordert, dass alle Beteiligten kompromissbereit und verständnisvoll für die Belange des Partners oder der Partnerin sind.

Viele Menschen haben jedoch ein Problem mit Nähe und Distanz. Das Buch *Ich hasse dich, verlass mich nicht* berichtet zum Beispiel über die ständige Angst von Borderlinern, verlassen zu werden. Das trifft auch auf ganz viele Menschen zu, die keine Borderliner sind, aber für sich dennoch kein gesundes Maß an Nähe und Distanz finden können. Dann glauben sie, mit ihnen würde gespielt werden und der Ball würde wie beim Pingpong hin- und hergeschickt. Solch eine Liebesbeziehung endet in einer Strapaze.

Ein Ausflug in die Verhaltensforschung

Der US-amerikanische Psychologe B. F. Skinner machte Experimente mit Tauben und Ratten, um neue Erkenntnisse in der Verhaltensforschung zu gewinnen. Eine der Experimentanordnungen ist aufschlussreich, will man verstehen, was das Perfide an toxischen Beziehungen ist.

In einem Versuch sperrte das Forschungsteam eine Ratte in einen Käfig, in dem ein Knopf angebracht war. Drückte die Ratte auf diesen Knopf, erhielt sie eine Belohnung in Form eines Leckerchens. Immer wenn sie Hunger hatte – und nur dann –, drückte sie den Knopf und bekam das Futter. Sie war auf der sicheren Seite und konnte sich darauf verlassen, Futter zu kriegen, wenn sie hungrig war und den Knopf betätigte. Die Forscher veränderten im zweiten Schritt die Parameter: Jetzt gab es bei Knopfdruck nichts mehr. Die Ratte konnte es so oft versuchen, wie sie wollte, das Futter blieb aus. Irgendwann wurde die Tür geöffnet. Die Ratte verließ den Käfig, denn darin hatte sie nichts mehr zu erwarten. Ein drittes Mal wurde die Anordnung verändert. Jetzt empfing die Ratte nur noch unregelmäßig Leckerlis, wenn sie den Knopf drückte. Mal hatte sie Glück, mal wurde sie enttäuscht. In der Folge war die Ratte wie besessen davon, den Knopf zu betätigen. In diesem „Spiel" geht es nur um Kontrolle. Schafft die Ratte es eines Tages, den Käfig zu verlassen, ist sie stark traumatisiert.

Was in dieser Laboranordnung mit der Ratte geschehen ist, läuft in vielen Beziehungen Tag für Tag ab. Dabei ist nicht nur der Mann in der machtvollen Position – auch Frauen können an dieser Stelle sein. Diese Menschen haben verlernt oder es nie gekonnt, andere zu respektieren. Sie wissen nicht, wie Beziehungen funktionieren, und auf Kosten der anderen dreht sich alles nur noch um Kontrolle und Macht - ohne Rücksicht auf Verluste.

Lauf weg!

Das sind toxische Beziehungen, die zurecht als solche bezeichnet werden. Diese Partnerschaften sind furchtbar traurig, weil sie nicht ohne Spätfolgen bleiben. Wer ihnen entrinnt, kann oft nicht mehr vertrauen, hat häufiger Angst vor neuen Bindungen und verknüpft unterbewusst immer wieder Liebe mit diesem großen Leid, das sie oder er erleben musste.

Ich kann nur allen raten, mit aller Kraft zu versuchen, davor wegzulaufen. Dazu muss man den eigenen Selbstwert erkennen - der einzige Schutzmechanismus, den wir in einer solchen Art von Beziehung noch haben. Je nachdem, wie geschickt die manipulierende Person ist, greift sie das allerdings zuerst an. Deine Achtung vor dir selbst wird zuerst zerstört. Bist du in diesem labilen Zustand, weiß dein Gegenüber, dass er dich emotional abhängig machen kann.

Allen, die sich daraus befreien können, möchte ich dringend ans Herz legen, sich professionelle Hilfe zu suchen. Macht danach eine Therapie! Leider werden Menschen, die Psychotherapie in Anspruch nehmen, immer noch abgestempelt, als wären sie die Verrückten, die in die Klapse gehörten. Dabei gilt das doch meist für die anderen. In Therapie begibt man sich, um mit Menschen klarzukommen, die selbst eine nötig hätten. Entfliehst du einer toxischen Beziehung, sind die Traumatisierungen oft so tiefgreifend, dass sie sich auf viele andere Bereiche des Lebens auswirken. Die allein zu verarbeiten, ist kaum möglich. Leider habe ich mir dieses Wissen nicht nur durch die Lektüre von Fachpublikationen angeeignet, sondern musste auch selbst durch dieses tiefe Tal.

Meine toxische Beziehung

Dreieinhalb Jahre lang war ich mit dem Mann liiert, mit dem ich mir erste Erfahrungen über verletzende und sehr ungesunde Beziehungen eingehandelt habe. Als ich mit ihm zusammenkam, war ich bereits in einem sehr labilen Zustand und entsprechend empfänglich für einen Menschen wie ihn. Hättest du mich damals kennengelernt, hättest du niemals geglaubt, dass das die Nicolette ist, die heute so selbstbewusst vor dir steht.

Den Mann fand ich erste Sahne. Wenn ich heute in der Retrospektive über die möglichen Gründe nachdenke, komme ich zu dem Schluss, dass er mir das Gefühl gegeben hat, weiblich zu sein, eine rundum perfekte Frau. Wählt mich ein solcher Mann als Partnerin, so meine Denkweise zu der Zeit, habe ich es geschafft, eine vollwertige Frau zu sein.

Viele Menschen tun sich schwer, die Vergangenheit zu analysieren - oder halten es für unnötig. Ich finde es wichtig, herauszufinden, warum wir mit Menschen ein Team bilden wollen, die uns nicht guttun. Eigentlich sollten wir alle einen Urinstinkt besitzen, der uns davon abhält oder, wenn das Kind schon in den Brunnen gefallen ist, der uns wieder aus der Beziehung herausfinden lässt. Wir haben diesen natürlichen Fluchtinstinkt. Wird er nicht aktiviert, sodass wir nicht aktiv Abstand von dieser Person nehmen, sind wir abhängig. Dieser Abhängigkeit müssen wir uns bewusstwerden. Wir müssen die Antwort finden, warum wir von einem Menschen nicht wegkommen.

Ich lag auf dem Boden und hoffte auf Erlösung!

Lange Zeit habe ich behauptet, dieser Mann wäre ein Narzisst. Das war auch für mich die einfachste Erklärung. So konnte ich vor mir selbst rechtfertigen, mit einem Menschen zusammengelebt zu haben, der krank war und schuld daran, dass ich mich fühlte, als hätte man mich durch den Fleischwolf gedreht. Es sollte ausdrücken, wie schlimm die Beziehung gewesen ist. Heute weiß ich, er war selbst so schlecht dran, dass er mich auf das gleiche Level bringen wollte. Außerdem wusste er, dass er mich an der Angel hatte. Das war ein Katz-und-Maus-Spiel und eine richtige Quälerei.

Als wäre es gestern gewesen, erinnere ich mich noch an einen Vorfall gegen Ende unserer Beziehung. Er hatte eine Frau zu sich nach Hause eingeladen - den Grund hat er mir mit Genuss unter die Nase gerieben und mir zugleich mitgeteilt, dass er von mir die Schnauze voll habe. Es war nicht die erste Affäre, denn die hatte er am laufenden Band - was ich wusste und ertrug. Ich redete mir das immer schön, das wäre nichts Ernstes und ich müsste da durch, denn schließlich wollte er eigentlich mit mir zusammen sein.

An diesem Abend ging es mir richtig schlecht. Ich rief an, nicht nur einmal oder zweimal. Weinend und hyperventilierend lag ich auf dem Küchenboden. Er ist drangegangen und hat mich leiden lassen: „Ich kann nicht telefonieren, ich habe schönen Frauenbesuch." Das war ihm eine diebische Freude. Für mich ist dieser Vorfall heute so unbegreiflich wie für dich, weil ich mir gar nicht mehr in dieser Situation vorstellen kann.

Von der ersten Minute an bin ich diese Beziehung falsch angegangen, denn schon beim allerersten Date wusste ich, welch ein furchtbarer, cholerischer Mensch er war. Mit dreiundzwanzig Jahren habe ich das trotzdem nicht gesehen und erst recht nicht verstanden, wohin das führen würde.

Er hat mir die Fingernägel von den Händen geprügelt.

Wir haben uns sogar körperlich misshandelt. Als ich grün und blau geschlagen war, er mir die Fingernägel von den Händen geprügelt hatte, mir die Nase blutete, war ich immer noch der Meinung, das wäre nicht so schlimm. Der Knall erfolgte erst, als er so ausrastete, dass ich mich selbst nicht mehr im Spiegel erkannte. Den Leuten gegenüber habe ich versucht, Storys zu erfinden, was passiert wäre. Alle haben gesehen, was los war, doch ich habe noch mehr Lügen erfunden. Trotzdem haben sie mich schonungslos mit der Wahrheit konfrontiert, nicht weil sie kein Verständnis gehabt hätten, sondern weil sie mich unter Druck setzen wollten. Zum Glück. Diese Menschen haben mich aus der Beziehung geholt. Diese Szenen zählen zu den schlimmsten Episoden meines Lebens - und zu den notwendigsten. Was ich daraus mitgenommen habe, war der Grundstein für die Karriere, die ich jetzt habe.

Danach musste ich in eine psychosomatische Klinik. Dort habe ich in Therapien angefangen, mich intensiv mit mir selbst auseinanderzusetzen: die ersten Schritte zur Heilung. Ich musste verstehen und mir eingestehen, was mich bei diesem Mann gehalten hatte. Denn niemand unterschreibt einen Vertrag auf Lebenszeit, bei jemandem zu bleiben, unabhängig davon, wie schlecht er einen behandelt. Lassen wir so etwas Grauenhaftes zu, dass wir uns selbst misshandeln durch einen schlechten Partner, müssen wir darüber nachdenken, was bei uns eigentlich passiert. Wenn wir diesen Punkt erreicht haben, ist das der erste Schritt Richtung Ausweg.

Seine Schwächen zu kennen, ist der größte Schritt, um stark zu werden.

Auch heute ist es nicht so, als würden meine Männerbekanntschaften immer reibungslos verlaufen. Ich lerne nicht weniger Reinfälle kennen als alle anderen Frauen. Sie wissen meist schon - Google sei Dank -, mit wem sie es aufnehmen, und sie trauen sich nicht mehr, mit mir die Molli zu machen. Umgekehrt weiß ich, warum ich für Menschen, die mir nicht guttun, Sympathie empfinde. Es hilft zu wissen, welche Schwächen man hat. Das ist die wichtigste Erkenntnis, um stark zu werden.

„Liebe Nicolette, ich date einen Typen. Am Anfang hat er sich richtig Mühe gegeben und Anzeichen auf etwas Festes gegeben. Mittlerweile ist es Larifari geworden."

Meine Antwort

Das geht ganz schnell. Ich habe sogar die Erfahrung gemacht, dass die Männer, die am Anfang extrem engagiert und motiviert sind und mir richtige Avancen machen, hinterher am lapidarsten sind. Manchmal kommt's auch auf die Dosierung an. Es gibt diejenigen, die sich am Anfang zurückhalten und portionsweise ihre Verliebtheit rauslassen, das sind meine Favoriten. Denn dann fällst du nicht so tief.

DIRTY-DONNERSTAG-SHORT

Nicolettes Weisheit:

RESPEKT

Ich respektiere mich. Das war ein langer Prozess, und das gelingt mir nicht immer zu 100 Prozent. Trotzdem habe ich in den letzten Jahren eine große Wertschätzung mir selbst gegenüber entwickelt. Ich bin mir bewusst darüber, dass ich ein Glückskind bin. Ich bin glücklich, dass ich auf dieser Erde sein darf, dass ich morgens gesund aufwache und wieder einen neuen Tag auf diesem Planeten erleben darf. Ich glaube, alle haben ihren Sinn und Zweck. Ich bin ein Mensch aus Fleisch und Blut und mit Gefühlen und genauso viel wert wie alle anderen. Ich stehe an erster Stelle und absolut im Mittelpunkt. Viele Menschen haben falsche Glaubenssätze verinnerlicht: Sie müssten sich für andere aufopfern, andere kämen vor ihnen, sie dürften sich nicht selbst lieben, sie wären nicht gut genug. Wenn ich merke, dass eine Situation nicht in Ordnung ist, dann schulde ich es mir, gut zu mir zu sein und mich daraus zu befreien. Mein Rat an dich: Gestalte dein Leben so schön, wie es nur geht, und behandle dich gut. Das hilft dir bei ganz vielen Entscheidungen, egal ob es um Beziehungen geht, um die Arbeit oder jede andere Lebenssituation.

7

Beziehungen:
Über Konflikte,
Kompromisse und
Klischees

Der Ton macht die Musik

Liebe Nicolette, Streiten mit meinem Partner erscheint mir immer katastrophal. Er bleibt nicht sachlich, schreit herum und läuft dann weg.

Da draußen sind viele Menschen, die seit ihren Kindertagen nicht gelernt haben, sich sachlich mit Konflikten auseinanderzusetzen. Wie für so vieles andere wird der Grundstein für diese Fähigkeit im Zusammenleben mit den Eltern gelegt. Kennst du auch so viele traurige Beispiele in Familien? Wenn Kinder etwa miterleben müssen, wie zu Hause die Teller fliegen, statt dass sich alle gemeinsam diszipliniert an einen Tisch setzen und Kontroversen verbal austragen. Kommunikation, das ist mein Credo, ist wichtig in jeder Beziehung - das gilt natürlich ebenso in Liebesbeziehungen. Ist dein Partner nicht in der Lage, vernünftig Probleme zu besprechen, dann hatte er vermutlich schon früh die falschen Vorbilder und hat es nie gelernt.

Was tun Kinder, wenn sie sauer sind? Richtig, sie stampfen auf, verhalten sich wie aufmüpfige Rumpelstilzchen und trommeln vielleicht mit den Fäusten gegen die Wand. Das ist völlig normal - für Kinder. Denn das ist ihre Art, gegenüber Mama und Papa ihre Gefühle zu artikulieren, die sie noch gar nicht richtig verstehen können. Es ist ihre Art, deutlich zu machen, *wie* verletzt sie sind. Aber Erwachsene sollten aufgrund ihres Alters und ihrer Erfahrungen reifer sein und solche Verhaltensweisen abgelegt haben. Sollten sie, können sie jedoch nicht immer. Wenn Erwachsene schreien, schimpfen und weglaufen, gebärden sie sich wie Kleinkinder, und wollen der anderen Person damit zeigen, wie verletzt sie sind, etwa wenn sie kritisiert wurden. Das ist nicht schön, kommt aber vor. Meiner Ansicht nach legen Menschen dieses Fehlverhalten sogar deswegen an den Tag, damit ihr Gegenüber sich genau so fühlt und nachempfinden kann, wie es in ihnen aussieht.

In Beziehungen ist nicht immer alles eitel Sonnenschein. Zwei Menschen werden ein Paar, dennoch sind beide für sich gesehen eigenständige Persönlichkeiten. Die Liebe und die Kompromissbereitschaft mögen noch so groß sein, früher oder später ist der Zeitpunkt erreicht, an dem Probleme auftauchen. Das muss nicht gleich etwas Dramatisches sein. Es können ganz alltägliche Banalitäten sein, die den Partner auf die Palme bringen, wie die berühmte zusammengeknüllte Socke in der Sofaecke, die dort tagelang liegen bleibt, oder der Toilettensitz, der nach Verlassen des Badezimmers noch hochgeklappt einen charmanten Blick in die (hoffentlich zumindest saubere) Keramikschüssel freigibt. Egal wie profan der Grund für die Kritik sein mag, viele Männer hassen es, wenn ihre Partnerinnen mit ihnen reden wollen. Denn aus ihrer Sicht ist der Ablauf immer der gleiche und das Ende längst vorprogrammiert: Sie werden mal wieder kritisiert. Verbunden mit unzähligen Anweisungen à la „Mach dies", „Lass das" oder pauschalisierenden Vorhaltungen im Stil von „Immer wieder musst du ..." Bei ihm bleibt nur eines hängen: Sie fordert von mir Dinge, die ich nicht erfüllen kann. Auf diese für ihn äußerst unangenehme Weise wird er mit seinen eigenen Unzulänglichkeiten konfrontiert – und macht die Schotten dicht.

Deshalb mein Tipp: Gehe solchen Konfrontationen lieber gleich aus dem Weg – Gefahr erkannt, Gefahr gebannt. Also erspare ihm die großen Ansprachen und dir die Erkenntnis, dass du damit ohnehin nichts erreichen wirst. Das kostet dich zu viel Energie. Du bist Frau, du bist schlau! Was ich damit nicht sagen will, ist, dass du die gammelnde Socke unterm Couchkissen nicht ansprechen solltest. Stört sie dich so immens, kannst du das tun, aber geschickt. Männer sind leicht zu begeistern und wie alle Menschen verfügen sie über ein gut funktionierendes Belohnungssystem. Männer wollen im Leben einer Frau einen festen Platz einnehmen, sie wollen gebraucht werden.

"

Es gibt Männer,
die absoluten Stolz
empfinden, wenn sie es
geschafft haben, ihre
benutzte Tasse direkt in
die Spülmaschine zu
stellen - wie bei kleinen
Jungs, wenn sie in der
Schule den Rechen-
fuchs mit null Fehlern
ausgefüllt haben ...

"

Vor allem wenn sie wütend sind, trumpfen viele Frauen gegenüber ihrem Partner auf, wie selbstständig sie sind und wie gut sie eigentlich ohne ihn klarkämen. Das ist eine frustrierende Erfahrung. Deshalb kann ich nur jeder Frau raten: Du kannst deinen Partner zu fast allem bringen, sogar zum Zudrehen der Zahnpastatube, wenn du es nett verpackst und er gar nicht erst merkt, wie er kritisiert wird. Wie das geht? Ganz einfach! Bleiben wir beim Beispiel mit der Zahnpastatube. Er putzt sich die Zähne, reinigt seine Zunge, nutzt Zahnseide und gurgelt mit einem frischen Mundwasser. Nach der ganzen Prozedur rubbelt er sogar die Armatur trocken, damit kein Kalkfleckchen den Anblick des blitzenden Chroms stört. Den Deckel auf die Tube zu schrauben, das gelingt ihm dennoch nicht? Mir ist auch schleierhaft, warum manche Männer das nicht schaffen. Doch vielleicht muss man das nicht verstehen. Fakt ist: Du willst, dass die Tube zu ist. Dann lobe ihn! Drücke aus, wie begeistert du davon bist, mit welchem Blick fürs Detail er das Waschbecken in einem gepflegten Zustand hinterlässt. Und danach kannst du ihn bitten, auch daran zu denken, den Deckel auf die Zahnpastatube zu drehen – das wäre das i-Tüpfelchen. Erst ausschweifend loben und anschließend noch eine klitzekleine Kritik nett verpacken. So werden alle gerne kritisiert. Das gilt ebenso für uns Frauen – wir sind bestimmt nicht ohne Fehl und Tadel, wenn wir mal ehrlich sind. Und alle wollen Lob. Bei uns ist die Gefahr nur größer, dass wir den Trick durchschauen.

Anlässe, an dem anderen herumzukritisieren, gibt es im Zusammenleben zahllose. Marotten, unterschiedliche Ansichten zu Ordnung oder Geldausgaben – die Liste lässt sich beliebig fortsetzen. Alle haben ihre individuellen Aufregerthemen. Wir sollten allerdings immer gut abwägen, ob es tatsächlich wichtige Punkte sind oder nicht vielleicht doch nur Nichtigkeiten, mit denen man sich arrangieren könnte. Denn eines muss man festhalten: Ständige Kritik ist der Beziehungskiller Nummer eins. Und glückliche Beziehungen sind möglicherweise vor allem deshalb glücklich, weil sich zwei Menschen gefunden haben, die sich nicht ständig gegenseitig bearbeiten und ändern wollen.

Die meisten Frauen wollen im Grunde nur zu gerne den starken Helden - er soll aber bitte ein sensibler Held sein, der auch weinen kann. Und als wäre das nicht genug, soll er auch das Gleiche fühlen und denken wie sie und ihre Gedanken und Gefühle stets erraten und richtig interpretieren. Wie schwer muss dieses Päckchen sein, das der Auserkorene zu tragen hat? Wir lernen einen Menschen kennen - und so wie er ist, ist er. Dein Freund ist, wie er ist, deine Freundin ist, wie sie ist - schon das ganze Leben lang, schon bevor ihr euch kennengelernt habt. Die Art, das Wesen, das Gesamtpaket, das wir kennenlernen, ist ja der Grund, warum wir jemanden anziehend finden. Das ist der Grund, warum wir mit jemandem mehr Zeit verbringen wollen. Und sobald du eine Beziehung eingehst, willst du das alles plötzlich ändern? Das ist ungesund und genau genommen auch ziemlich absurd.

Wir sollten unseren Blick auf die wirklich wichtigen Aspekte lenken: Wir sollten mehr Energie darin investieren, unsere Partnerin oder unseren Partner zu verstehen. Denn nur wenn wir einen Menschen verstehen, können wir ihn bedingungslos lieben - ganz so wie er ist.

Frauen denken, dass ihre Liebe den Mann verändern wird, dass er sich für sie ändern wird.

Wenn du dich in dein Gegenüber hineinversetzt, macht das vieles leichter - und das ist auch für dich einfacher, als ständig zu versuchen, alles zu verändern. Der permanente Wunsch, dass die andere Person anders ist, ist meistens die Wurzel für die ständige Analyse, Beurteilung und Kritik am Verhalten des Gegenübers. Dabei spreche ich nicht über kleine Marotten, die uns stören, sondern über das Wesen meines Partners, das immer die Summe seiner Teile ist.

Die Medien suggerieren Frauen oft, Männer würden für sie über Berge klettern, übers Meer segeln und die Sterne vom Himmel holen, nur weil sie so große Sehnsucht nach ihnen hätten. Viele Frauen nehmen das leider für bare Münze und haben deshalb eine zu hohe Erwartungshaltung, während viele Männer damit überfordert sind und sich in Bezug auf die Ansprüche der Frauen als unzureichend fühlen – oft zu Recht. Das löst in ihnen eine Reaktion aus, die nur allzu verständlich ist: Sie gehen auf Abstand zu ihrer Partnerin, die ihnen vermittelt, dass sie nicht gut genug für sie sind. Frauen werden in der Folge oft emotional, machen ihren Partnern noch mehr Vorwürfe, weil sie sich von ihnen distanzieren. Ihre Männer wiederum nehmen das dann nicht ernst. Das ist ein Teufelskreis! Und das ist schade, weil wir dabei die Realität und das Wesentliche komplett aus den Augen verlieren.

In einer Beziehung leben zwei Menschen. Zwei Menschen, von denen beide für sich Bedürfnisse, Gefühle, aber auch Ängste, Unsicherheiten und manchmal Schamgefühl haben. Das bringen alle als Person in eine gemeinsame Beziehung ein. Es ist nicht immer alles Friede, Freude, Eierkuchen oder wie aus dem Kitschroman entsprungen. Eine ideale Beziehung gibt es genauso wenig wie einen Ratgeber, in dem sich mit hundertprozentiger Erfolgsgarantie nachlesen lässt, wie Liebe völlig reibungslos gelingen kann oder sich ein gemeinsames Leben wie in Regenbogenfarben getaucht aufbauen lässt.

Alle stellen in einer Beziehung nur 50 statt 100 Prozent dar, also sollten beide gemeinsam die Spielregeln gestalten.

Frühstück deluxe

Aus meiner Erfahrung kann ich dir nur diesen wahren Satz oben ans Herz legen. Und ich wäre die Letzte, die nicht dafür eintreten würde, sich zu schützen und den anderen in die Schranken zu weisen, wenn er mich nicht mit dem gleichen Respekt behandelt wie ich ihn oder ich mich. Hast du jedoch zu exakte Vorstellungen von deiner Beziehung, bist du erst zufrieden, wenn sich dein Partner deinen Wünschen angepasst hat. Das kann nicht funktionieren und ist unfair dem anderen gegenüber. Denn zwischen Realität und Fantasie besteht naturgemäß ein großer Unterschied – das gilt für alle Menschen. Daher erachte ich es als viel sinnvoller, als Team zu agieren: *Gemeinsam* sollten wir *uns* überlegen, wie wir *zusammen* eine tolle Beziehung aufbauen können. Alle bilden 50 Prozent des jeweiligen Teams, also sollten beide einen gleichberechtigten Anteil daran haben, die Regeln für das Beziehungsleben festzulegen. An einem Strang zu ziehen, das gilt von Anfang an – selbst wenn zu Beginn einer Partnerschaft sicherlich der Fokus zunächst ein anderer ist und das Verliebtsein der Realität im Weg steht. Beide wollen sich im allerbesten Licht präsentieren und nicht preisgeben, dass sie auch nur ganz normale Mensch sind. Das ist gut so und gehört dazu. Allerdings führt das manchmal zu skurrilen Situationen, die im Nachhinein betrachtet brüllend komisch sind. So wie die folgende Situation, die vor allem jene Frauen triggert, die Hemmungen haben, den Raum mit der Doppelnull aufzusuchen. Was sich hier abspielen kann, ist tatsächlich reif für eine Filmszene in einem Agententhriller.

Lernen wir einen neuen Mann kennen, ist eine Sache besonders kritisch. Wir genießen gerne und ausgiebig ein Dinner, lassen uns den Champagner munden, doch eine Sache will zu uns als Lady so überhaupt nicht passen: dass wir Menschen aus Fleisch und Blut sind. Solange wir nur einige Stunden am Tag mit dem neuen Partner verbringen, sind wir perfekt im Verschleiern dieser wenig romantischen Wahrheit. Wir beherrschen uns, versagen uns allzu menschliche Bedürfnisse und gehen uns höchstens einmal kurz die Nase pudern. Schwierig wird es, wenn wir zum ersten Mal bei ihm übernachten. An einen solchen Morgen danach erinnere ich mich, als wäre es gestern gewesen. Der Herzallerliebste hatte ein opulentes Frühstück aufgefahren: knusprig buttrige Croissants, samtweiche Erdbeermarmelade, frisch gepresster Orangensaft, Rührei mit Speckwürfelchen. Kurzum, ein Gedicht für Augen und Magen. Der Magen und die anschließenden Organe sind nun das, was mich in den nächsten Minuten meine ganze Aufmerksamkeit und Konzentration kosten wird. Denn ich merke, dass sich ein dringendes Bedürfnis anbahnt ... Verflucht. Das war wohl zu viel vom guten Frühstück. Was tun?

Ich werfe mein Albert-Einstein-Hirn an und rechne. Es bleiben mir noch dreißig Minuten, dann ist der Zug, der gerade durch meinen Magen-Darm-Trakt rattert, nicht mehr aufzuhalten. In Windeseile gilt es zu überlegen, wo ist das Badezimmer? Wie viel Abstand ist zwischen Klo und dem Adonis, der gerade dieses Frühstück deluxe kredenzt hat? Und wie schaffe ich es, dass er nichts von dem Bedürfnis checkt, das mich gerade umtreibt? Mit weiblichem Scharfsinn und adlergleichem Augenmaß setze ich den Abstand von Lover zu WC und die Lautstärke des zu erwartenden Toilettenunfalls mit der Dämmung der Wände in ein Verhältnis zueinander. Während ich im Geiste meine Formeln hin und her jongliere, leite ich die erste Maßnahme ein. Ich schalte den Fernseher an, denn es ist Sonntag und Motorsport wird ihn schnell in den Bann ziehen. Sanft reguliere ich die Lautstärke peu à peu nach oben. Ich weiß ganz genau, wie laut der Fernseher sein muss, damit nichts von dem zu hören sein wird, was ich gleich im Badezimmer anrichten werde.

Männer denken ja, eine Frau würde auf die Toilette gehen und nur Blütenduft hinterlassen. Wir Frauen kennen natürlich die Wahrheit. Also kneifen wir alles so fest zusammen, dass wir mit dem bloßen Druck der Beckenbodenmuskulatur schon Diamanten pressen könnten. Bloß nicht auffallen. Wir sind schnell, laut- und geruchlos. Zwei Minuten darf alles dauern, maximal zweieinhalb - so lange wie ein kleines

Geschäft. Also los! Während ich mit der einen Hand noch die Hose öffne, setze ich mich hin und erleichtere mich. Fein, hat super geklappt. Schnell noch Hände waschen, keiner hat etwas gesehen, gehört oder gemerkt. Ich verlasse das Badezimmer - triumphierend und begeistert von meiner eigenen Cleverness.

Und dann passiert Folgendes: Werbeunterbrechung in der Formel 1 und der Liebste muss aufs Klo. Genau in dem Moment, in dem ich die Toilette verlasse. Das ist immer so, scheint ein ungeschriebenes Gesetz zu sein. Wir geben uns die Klinke in die Hand, und er lässt es sich nicht nehmen, die olfaktorischen Überreste meines Aufenthalts zu kommentieren.

Männer kennen da ja nix: Sie feiern die Feste, wie sie fallen, und sind um keinen Spruch verlegen - auch nicht, wenn es darum geht, der Außenwelt mitzuteilen, wie stolz sie auf das sind, was ihr Körper gerade unter stärksten Wehen geboren hat. Ich rede hier immer noch von einem Toilettengang, doch Männer zelebrieren ihre eigenen Hinterlassenschaften wie die Geburt von Drillingen und beglückwünschen offen auch alle anderen zu ihren Glanzleistungen. Zurückhaltung ist was für Weicheier - und Frauen offenbar. Dabei ist das zwar eine seltsame, aber auf jeden Fall die gesündere Einstellung. Damals war mir eine solche Aktion furchtbar peinlich, vor allem, wenn ich den Typen süß fand, heute kann ich lauthals über mein falsches Schamgefühl lachen.

Mein Partner, seine Freunde und ich

Liebe Nicolette, die Freunde meines Partners akzeptieren mich nicht und versuchen, mich ihm auszureden. Ich bin erschüttert.

Familie können wir uns nicht aussuchen – alle haben diesen einen beschränkten Onkel oder die doofe Cousine. Doch wir können entscheiden, wer kommt und geht! Freunde sind die Familie, die wir erwählen. Das sind die Menschen, die wir lieben möchten – eine hundertprozentig freiwillige Entscheidung, das kann ich nur wiederholen. Von ihnen sollte man erwarten können, dass sie sich für deinen Freund freuen, mit dir ein intelligentes, attraktives, fürsorgliches Mädel gefunden zu haben. Sie sollten sehen, wie verliebt er ist. Pesten sie gegen dich und versuchen, dich ihm madig zu machen, dann ist das mehr als unfair und absolut deplatziert. Niemand hat sich ungefragt derart einzumischen. Außer er sieht, dass der Freund oder die Freundin vom neuen Partner windelweich geprügelt oder seelischen Grausamkeiten ausgesetzt wird. Lässt jemand solche Menschen in sein Umfeld, sollte er noch einmal genauer hinschauen und diese Freundschaften überdenken.

Zeig mir deine Freunde, und ich sage dir, wer du bist.

Alle in unseren Sippschaften haben ihre Qualitäten. Ich gebe zum Beispiel immer die Ratschläge, wenn es kurz vor zwölf und das Kind schon fast in den Brunnen gefallen ist – und weiß genau, dass viele davon nicht beherzigt werden, weil am Ende des Tages Frauen auch nur verliebte Mädchen sind. Alle haben also ihr individuelles Potenzial. Doch von allen erwarte ich zumindest Respekt, auch von den

„Ich hatte immer schon eine Bewunderung für Frauen, die sich jedes Wochenende für einen kostenlosen Drink in der Diskothek haben abschleppen lassen. Mach so was mal fünf Jahre am Stück, dann weißt du, was es bedeutet, ein fleißiges Bienchen zu sein."

Freunden meines Partners.

Alle müssen sich grundsätzlich um ihre eigene Mannschaft kümmern. Würde ich eine neue Beziehung eingehen und meine Mutter würde permanent über meinen Partner herziehen, statt zu registrieren, wie glücklich ich mit ihm bin, müsste ich ihr Einhalt gebieten. Habe ich sie nicht gefragt, hat sie kein Recht, ihm das Gefühl zu geben, er wäre nicht willkommen.

Das Gleiche erwarte ich von meinem Partner. Er ist für seine Freunde und seine Familie zuständig. Ist mein Freund nicht in der Lage, seine Meute zum Schweigen zu bringen, um mir und unserer Beziehung bei ihnen den nötigen Respekt zu verschaffen, zweifele ich grundsätzlich an unserer Partnerschaft und meiner Männerwahl. Denn er hat dann ganz offensichtlich andere Maßstäbe und Vorstellungen davon, auf welchen Grundfesten eine Beziehung stehen sollte. Wir sind ein Team, also haben wir beide dafür Sorge zu tragen, dass wir von nichts und niemandem angegriffen werden. Wie zwei Krieger sollten wir alles voneinander abhalten, was der Beziehung gefährlich werden könnte.

Gedankenspiele

Liebe Nicolette, die Beziehung zu meinem Freund ist perfekt, dennoch kann es mein Kopf nicht lassen, ab und zu mit den Gedanken an andere Männer abzuschweifen. Es fühlt sich so an, als wäre ich nie zufrieden.

Du kannst den Kartoffelsalat von deiner Mutter lecker finden, das bedeutet nicht, dass eine andere Mutter nicht auch einen fantastischen Nudelsalat macht. Am Ende des Tages sind wir alle nur Menschen mit Gefühlen und Sehnsüchten – woher sie rühren, ist gar nicht immer klar und lässt sich auch nicht steuern. Das ist ganz normal. Du schaltest Gelüste nicht aus, nur weil du in einer Beziehung bist – selbst dann nicht, wenn du deinen absoluten Traumpartner gefunden hast. Das bedeutet nicht zwangsläufig, dass dir in eurer Zweisamkeit etwas fehlt. Es ist wichtig, Fantasien zu haben. Hättest du sie nicht, wärst du gefühlskalt und tot. Aber es ist etwas völlig anderes, ob du das, was in deinem Kopf passiert, auch auslebst.

Niemand läuft mit Scheuklappen durch die Welt, nur weil er sein Herzblatt gefunden hat. Trotzdem findest du andere Männer schön, und du findest andere Frauen schön. Einige sind so attraktiv, dass du ins Schwärmen gerätst und dir ausmalst, wie es wäre, wenn er bei dir vor der Tür stünde. Das ist menschlich – auch dann, wenn ihr gerade im Bett zugange seid und du dir vorstellst, hinter dir wäre nicht dein Mann, sondern der braun gebrannte Barista aus der schnuckeligen Espressobar, der den Milchschaum auf deinem Cappuccino immer liebevoll in Herzform gießt. Viele haben wegen solch ausschweifender Fantasien ein schlechtes Gewissen. Ich kann daran nichts Verwerfliches finden: Es dient schließlich der Sache zwischen dir und deinem Lover. Dir ist von deinen Fantasien so heiß, dass du noch einmal richtig Gas gibst – davon profitiert er ja auch. Seltsam wird es erst, wenn du dir den Espresso-Experten statt deines Partners an deiner Seite wünschst.

Schneewittchen: Klug wie sie war, wollte sie den Prinzen mit der Kohle. Am Ende hat sie trotzdem keinen von den sieben Zwergen von der Bettkante gestoßen!

Unsere Wertevorstellungen spielen eine große Rolle dabei, welches Idealbild wir von einer Partnerschaft haben. Wir halten eine monogame Beziehung für das Höchste und wollen es schaffen, eine Ehe bis zum Lebensende zu führen. Ich halte das für mutig und ein wenig anmaßend zugleich. In allen Bereichen unseres Daseins ist es okay, flexibel zu sein. Beim Essen bedienen wir uns nach Herzenslust und entscheiden uns dafür, bestimmte Ernährungsweisen auszuprobieren. Varianten auszutesten und auch wieder verwerfen zu dürfen: Das ist völlig unstrittig. Zu unserem Freundeskreis zählen wir mehrere Menschen. Und wir akzeptieren, dass sich jemand aus dieser Verbindung zu uns löst, wenn es sich nicht mehr richtig anfühlt, wenn ein gemeinsamer Lebensabschnitt zu Ende geht und wenn die Wege in unterschiedliche Richtungen führen. Nur in der Partnerschaft ist es uns außerordentlich wichtig, an der ursprünglichen Wahl bis zum Tod festzuhalten. Ich bin auch monogam und für mich kommt kein anderes Modell infrage, allein schon, weil ich Exklusivität bevorzuge. Dennoch hinterfrage ich diesen Anspruch manchmal und sehe, welche Probleme daran haften können – etwa, dass Menschen versuchen, heimlich aus ihrer Zweierbeziehung auszusteigen und den anderen zu betrügen.

Betrügen oder fremdgehen?

Untreue ist nicht vom Geschlecht abhängig: Es gibt Frauen und Männer, die aus ihrer Beziehung ausbrechen. Allerdings gehen die meisten Frauen nur aus einem einzigen Grund fremd: weil sie sich nicht mehr begehrt fühlen. Ein Mann geht fremd, weil er die Chance nicht ausschlagen konnte und die Gelegenheit günstig war. Ich nehme es Männern sogar ab, dass sie das tatsächlich so sehen, auch wenn es für uns Frauen total lächerlich klingt. Denn der Sex mit einer anderen hat für sie null Bedeutung. In der Mehrheit der Partnerschaften ziehen die Frauen den Schlussstrich, weil ihnen die Begierde fehlt. Männer beenden eine Beziehung nur, wenn sie bereits die verlässliche Aussicht darauf haben, gleich zur nächsten wechseln zu können – ohne quälende Singlezeit dazwischen. Steht nicht die nächste vor der Tür, ist der Mann eher bequem und begnügt sich mit dem, was er sicher hat. Ein Mann macht für eine andere Frau Schluss.

Eine Frau macht sich selbst zuliebe Schluss: Sie hat immer das Bedürfnis, sich und ihre Seele zu schützen. Eine

"
Ein Mann macht
für eine andere
Frau Schluss.
Eine Frau macht
sich selbst
zuliebe Schluss.
"

Frau gelangt zu dieser Entscheidung, weil sie die Beziehung permanent durchleuchtet, hinterfragt und ihre Gefühle überprüft. Sie ist diejenige, die abends im Bett liegt und nachdenkt. Sie lässt Revue passieren, warum der Streit schon wieder aus dem Ruder gelaufen ist oder warum er es nicht einmal am Tag schafft, sie in den Arm zu nehmen. Sie reflektiert, was ihr fehlt und was er ihr gibt. Sicherlich kann man auf diese Weise eine Beziehung kaputtdenken. Aber viele Frauen können diesen Modus nicht ohne Weiteres ausschalten, denn sie sind darauf bedacht, die Realität mit ihrem Lebensplan abzugleichen. Stellen sie eine ernst zu nehmende Differenz fest, wollen sie etwas ändern.

Kennst du das, wenn du so viel nachdenkst, dass man es förmlich hören kann, aber der Mann neben dir in aller Seelenruhe weiterschnarcht? Du haderst mit einem Konflikt, bist voll in Rage, aber er schlummert tief und fest. Wie kann er schlafen, während du dir die Augen ausheulst?

Sein böses Erwachen kommt, wenn du Schluss mit ihm machst. Du begründest es ihm. Weil er dich nicht respektiert und nicht begehrt - und er schaut dich mit großen, ungläubigen Augen an und fragt erstaunt, warum du nicht früher etwas gesagt hättest. Er versteht die Welt nicht mehr.

Frag einen Mann, ob seine Frau glücklich ist in der Beziehung mit ihm. „Sicher, sonst wäre sie nicht schon zehn Jahre an meiner Seite", wird seine Antwort lauten. Männer haben gern ihre Ruhe. Vor Diskussionen flüchten sie häufig, wenn du sie nicht geschickt angehst, etwa während er damit beschäftigt ist, den Müllsack zuzuschnüren oder die Geschirrspülmaschine auszuräumen. Nur sehr ungern wird er sich mit dir an einen Tisch setzen, um ein Problem zwischen euch zu erörtern.

Kommt es zum Äußersten und der Mann hat einen Seitensprung, ist das extrem verletzend, weil einer des Zweierteams eine Bedrohung für die Partnerschaft zulässt. Du weißt, dass ich von meinem Partner erwarte, dass er alles dafür tut, Ungemach von unserer Beziehung abzuhalten.

Hat er eine Affäre, bin ich in erster Linie auf ihn stocksauer – und nicht auf seine Affäre. Denn er, mein Seelenverwandter, hat einen Eindringling hineingelassen, weil er die Tür geöffnet hat.

Dennoch bin ich der Meinung, dass es einen großen Unterschied macht, ob jemand fremdgeht oder betrügt: Ersteres ist eine rein körperliche Sache, es ist purer Sex. Bei Letzterem dagegen schweifen wir auch emotional ab, wünschen uns die Affäre als Partner*in außerhalb des Betts und fänden sie oder ihn in dieser Rolle ebenfalls besonders anziehend. Wir stören uns am Betrügen wie am Fremdgehen, wir sind in beiden Fällen die Betrogene, denn wir stellen automatisch infrage, ob wir geliebt werden. Aber der Unterschied ist fühlbar da: Fand der Mann die andere körperlich attraktiv oder hat er sich in ihr Wesen verliebt? Letzteres bricht uns das Herz, weil wir immer der Diamant in der Mitte sein wollen.

Es lohnt sich übrigens, darüber nachzudenken, was genau uns am Fremdgehen stört und warum wir exklusiv sein möchten. Das eigene Ego spielt bei der Antwort darauf sicherlich ebenso eine Rolle wie ein Defizit an Aufmerksamkeit und das Bedürfnis nach Schutz. Wackelt dieses Sicherheitsgefühl, löst das große Panik aus.

Team Spionage

Frauen sind wie ein Geheimdienst. Hat sie erst einmal die diffuse Ahnung, ihr Mann träfe sich zum Schengelemengele mit einer anderen, kommt sie ihm auf die Schliche, garantiert. Und das bedeutet nicht nur zu wissen, dass er gerade eine Affäre hat, sondern auch, wie die exakten Abläufe ihres kleinen Tête-à-Têtes waren. Sie rekonstruiert *alles*. Du kannst eine Frau nicht vorführen. Behauptest du, du hättest um vier Uhr nachmittags Feierabend gemacht, bist aber aufgrund eines angeblichen Baustellenstaus auf deinem zehnminütigen Heimweg erst um fünf Uhr zu Hause eingetroffen, ist das dein erster Fehler. Sie ist clever, kommunikativ und kann das Internet bedienen. Sie wird jede Informationsquelle nutzen, um zu recherchieren, ob auf der Strecke Bauarbeiten stattfinden, wie viele Autos in dieser Stunde unterwegs waren – inklusive der Ampelschaltungen und der Hochrechnung, wie oft du eine grüne Welle gehabt hättest oder vor roten Ampeln festgehangen wärst. Sie checkt deinen Kilometerstand und deine Tankanzeige. Sie kennt die Abstände zur Zapfsäule und die üblichen zurückgelegten Wegstreckenlängen auf den Meter genau. Versucht es also besser erst gar nicht. Eine Frau, die einmal auf den Trichter gekommen ist, stellt sogar Sherlock Holmes in den Schatten.

Obwohl sie das gar nicht müsste, denn sie muss nur ihre Augen und Ohren aufmachen. Jeder Mann wird sich selbst entlarven. Alle Lügen fliegen irgendwann auf. Hat ihr etwas oder jemand suggeriert, etwas könnte faul sein, sind ihre Sensoren so scharf gestellt, dass kein Mann es auf Dauer verheimlichen kann, zumal er immer wieder den gleichen Fehler begeht. Welcher das ist, verrate ich an dieser Stelle aber nicht. Vielleicht reden wir darüber ja mal beim *Dirty Donnerstag*.

Manche Frauen stellen ihrem Mann nach einem ersten Verdacht nach allen Regeln der Kunst eine Falle. Sie laden ein unwiderstehliches Fake-Profil bei Tinder hoch und schauen, ob er anbeißt. Manche gehen noch einen Schritt weiter und verabreden sich nach dem Match und ersten Nachrichten zum Schengelemengele, um ihn dann in einer großen Dramaszene bloßzustellen. Nicht dass ich nicht auch vom Team Spionage wäre, trotzdem rate ich dringend davon ab. Der Schuss geht nach hinten los! Vereinbare dieses Date, schau, ob er aufkreuzt, aber lass dich nicht dort blicken. Erwischst du jemanden beim Lügen und Betrügen, ist die Scham immens. Gerade Männer versuchen dann, den Spieß umzudrehen. Es gab schon Fälle, in denen sie ihren Partnerinnen einen Vorwurf daraus machten, laut, aggressiv und asozial wurden und den Raum verließen.

Lass ihn also niemals erfahren, woher du weißt, was er getan hat. Denn sonst stempelt er dich als Psychotante ab, diesen Triumph darfst du ihm aber niemals erlauben. Stattdessen bombardierst du ihn zu Hause mit deinen Fragen. Wo er war, wen er getroffen hat und warum er dich belügt. Gefolgt von dem Hinweis, dass er in der Zimmerecke seine gepackten Taschen finde und jetzt bitte die Wohnung verlassen solle – für immer.

Ja, für immer! Viele Menschen sind der Meinung, man könnte an der Beziehung nach einem solchen Vertrauensbruch festhalten. Da bin ich skeptisch, denn die wenigsten Menschen sind reflektiert genug, um zu analysieren, warum es zur Affäre kam und was man aus dieser Situation lernen müsste. Betrügen passiert nicht in der Hose, sondern zuerst im Kopf. Ich bin ein einziges Mal in meinem Leben eine Affäre eingegangen – und habe es zutiefst bereut. Ich bin danach hart mit mir ins Gericht gegangen und habe an mir gearbeitet, um zu ergründen, warum ich das gemacht habe, und habe einiges an mir, meinen Werten und Vorstellungen von Beziehungen überdacht. Nur wenn die Person, die fremdgeht, ihr Handeln überdenkt und gewillt ist, es zu ändern, könnte es eine zweite Chance geben.

Die meisten Männer merken übrigens nichts von den Affären ihrer Frauen. Womöglich haben sie mehr Urvertrauen – oder sie sind nicht aufmerksam genug, um die Anzeichen zu erkennen. Es gibt allerdings Frauen, die in einer jahrelangen Beziehung nur ein einziges Mal Sex mit einem anderen hatten und es so sehr bereuen, dass sie es noch Jahre später ihrem Partner beichten wollen. Viele werden hier meinen Rat für unangebracht halten, aber ich würde diesen einmaligen Fehltritt für mich behalten. Ich würde mit ihm nicht darüber reden, sondern lieber zu schätzen wissen, was ich an ihm habe. Hört dein Partner, dass du fremdgegangen bist, verlässt er dich wahrscheinlich – was absolut verständlich und nachvollziehbar wäre. Wem soll es also helfen, wenn du in den Beichtstuhl trittst – deinem eigenen Gewissen? Das ist Blödsinn.

„Liebe Nicolette, vor zwei Wochen wurde ich ziemlich gemein von meinem Freund verlassen. Wie zahle ich es ihm stilvoll heim?"

Meine Antwort

Indem du glücklich und erfolgreich wirst, dein Leben im Griff hast – und Erfolg bezieht sich dabei nicht immer nur auf Karriere. Indem du es dir so schön machst und so viel positive Energie zu dir und deinem eigenen Leben aufbaust, bis es ihn blendet. Und dann bekommst du irgendwann diesen richtig tollen Mann, der dich auf Händen trägt, und kannst deinen Ex-Freund vergessen. Und wenn nicht: Single zu sein ist Luxus!

DIRTY-DONNERSTAG-SHORT

„Liebe Nicolette, wie stehst du zum Thema Gemeinschaftskonto innerhalb einer Partnerschaft?"

Meine Antwort

Ich möchte nicht hart arbeiten, damit mein Partner sich einen Lenz macht. Also Sex und Finanzen sind zwei Themen, über die in deutschen Partnerschaften am wenigsten gesprochen wird, was ich schade finde. Aber: Über Sex rede ich mit meinem Partner ab dem ersten Tag, über Geld ab dem Tag, an dem er mir einen Ring an den Finger steckt.

DIRTY-DONNERSTAG-SHORT

Nicolettes Weisheit:

LEIDENSCHAFT

Ohne Leidenschaft? Ohne mich! Alles, was ich in meinem Leben mache, tue ich mit Leidenschaft, das ist mein Anspruch an mich selbst. Ob ich esse, trinke, schlafe, streite oder weine - ich tue es mit Hingabe und Begeisterung. Natürlich gibt es Verpflichtungen, die sich nicht immer zu 100 Prozent damit vereinbaren lassen. Doch müsste ich längerfristig etwas tun, das mir widerstrebt, wäre mir meine Lebenszeit zu schade dafür. Wenn ich merke, dass ich nicht mehr zufrieden bin, nicht vollkommen mit Herz und Hirn bei der Sache wäre und keine Hingabe und Leidenschaft mehr spüren würde, müsste ich es beenden. Leidenschaftliche Menschen können das Leben viel intensiver wahrnehmen. Sie sind dadurch tendenziell dankbarer und glücklicher als andere.

Bist du todunglücklich und brennst für eine andere Sache als deinen Nine-to-five-Job, dann ziehe die Konsequenzen. Das Schlimmste, was dir passieren kann, ist, dass du irgendwann glücklich bist.

8

Singledasein: über Kaffeekinder, Ansprüche, Heiraten und Kinderkriegen

Bindung, nein danke!

Liebe Nicolette, warum gibt es Männer, die einfach nicht treu sein können?

Kaffeekinder haben ihren Namen daher, dass sie immer hibbelig sind und am Tisch nicht ruhig sitzen können. Sind sie bei jemandem angekommen, ziehen sie schon wieder weiter. Ohne das böse zu meinen, denn sie lieben die andere Person aus vollem Herzen, mit großer Leidenschaft und Engagement. Was sie allerdings noch mehr lieben, sind Flirterei, die Avancen, die Aufmerksamkeit und den Nachschlag vom Büfett der Möglichkeiten.

In unserer Gesellschaft ist dieser Charakterzug leider verpönt - es scheint für viele angebrachter zu sein, sich irgendwann an einem Ort und in einer Beziehung niederzulassen. Problematisch für die Kaffeekinder wird es dann, wenn sie diese Erwartungshaltung übernehmen und sie mit den eigenen Wünschen verwechseln. Die Katastrophe ist vorprogrammiert, wenn sie denken, sie müssten sich fest binden, obwohl dies ihrem Wesen überhaupt nicht entspricht.

Ich genieße es, allein zu sein. Bin ich in einer Partnerschaft, kann mein Gegenüber sicher sein, dass ich mit Leidenschaft dabei bin. Ich engagiere mich mit ganzem Herzen und habe auch nicht das Bedürfnis - solange alles rundläuft -, mich nach potenziellen Alternativen umzuschauen. Kaffeekinder hingegen wollen und wollen und wollen. Niemand sollte sich einreden lassen, dass das etwas Schlechtes wäre. Begeht nur nicht den Fehler und legt euch die Ketten an. Du musst dich akzeptieren und dich dazu bekennen, gerne Single zu sein, wie Samantha in *Sex in the City*.

Der falsche Vermieter

Wie viele Wohnungen ich mir schon angeschaut habe, bis ich endlich meine eigenen vier Wände gefunden habe, in optimaler Lage, zentral und doch ruhig. Neben diesem nervenaufreibenden Theater, Termine zu vereinbaren, Grundrisse zu prüfen und mir zu überlegen, ob ins Schlafzimmer nicht nur das Kingsize-Bett passt, sondern auch noch der Queensize-Kleiderschrank, habe ich dabei besonders eines gehasst: den Kontakt mit den Maklern. Ich führe das an dieser Stelle nicht weiter aus, ich möchte nicht eine ganze Berufssparte über einen Kamm scheren und in Bausch und Bogen verurteilen, vielleicht hatte ich einfach nur Pech. Und vielleicht war ich deshalb bei dieser Wohnungsbesichtigung so angetan von demjenigen, der die Tür öffnete. Es war der Vermieter, der mit der Größe der Wohnung offenbar seine Körpergröße kompensieren wollte, was seiner Sexiness keinen Abbruch tat. Die Wohnung habe ich nicht genommen. Kein Aufzug im Haus, das Schlafzimmer zur Straße, und in die Küche hätte nicht einmal eine Eckkombination gepasst. Was ich hingegen gerne genommen habe: ihn. Kurze Zeit, nachdem wir uns zum ersten Mal getroffen hatten, schrieb er mir. Er sei am nächsten Tag im Kölner Hyatt, ob ich nicht mit ihm dort das Wochenende verbringen wollen würde. Und wie ich wollte.

Mein Körper war nie besser in Schuss als damals. Ich wog grazile, wohlgeformte 61 Kilogramm (heute sind es 75), meine Haut straff und so babyzart, dass ich nur einen leichten Puder brauchte. Keine Foundation, kein Concealer. Kurzum, ich sah fantastisch aus. Was *ich* angezogen hatte, daran erinnere ich mich nicht mehr. Woran ich mich erinnere, ist aber, wie mies *er* angezogen war. Der Hosenstoff schon dünn über den Knien und ausgebeult am Po, das Sakko hing wie ein Kartoffelsack viel zu groß über seinen Schultern. Doch als er sich auszog – oh, là, là, wie ein frecher Franzose, kleiner Mann ganz groß! Nackt war er eine Wonne. Zusammen mit seiner Glatze hatte er eine sehr männliche Ausstrahlung.

Nach diesem Wochenende sah ich aus, als wäre ich unter die Räder gekommen. Ich habe an Stellen Muskeln gespürt, von denen ich zuvor nicht einmal eine Ahnung hatte, dass ich dort welche besitze. Ich bin aus dem Hotel gelaufen, als hätte mir jemand ein künstliches Hüftgelenk eingesetzt - auf beiden Seiten. Mein verfilztes Haar musste mir meine Friseurin am nächsten Tag entknoten.

Drei Monate später griff aber jemand anderes zum Hörer. Leider nicht der begnadete Liebhaber, sondern seine gehörnte Ehefrau. Sie hatte nicht so liebevolle Worte wie ihr Gatte für mich übrig. Verständlicherweise. Zu meiner Ehrenrettung muss ich anfügen, dass ich nicht wusste, dass er verheiratet war, und es auch nicht hätte wissen können: Er hatte keinen ungebräunten Streifen am Ringfinger vom abgezogenen Ehering und auch seine Garderobenwahl ließ keinen Rückschluss auf einen weiblichen Kontrollblick zu Hause zu. Sie heulte mir vor, dass sie herausgefunden habe, wie viele Affären er in den letzten Jahren gehabt habe und dass ich auch darunter gewesen sei. Für sie tat es mir leid, dass ihr Mann sie so hintergangen hatte, und für mich auch ein bisschen. Schade um den Jackpot, habe ich gedacht - wie gewonnen, so zerronnen. Und habe aufgelegt.

Hochzeitsglocken

Liebe Nicolette, ich bin in der Clique die Einzige, die noch Single ist, während ich zusehen muss, wie alle ihren Prinzen heiraten und eine Familie planen.

Fakt ist, die Scheidungsrate liegt in den vergangenen zwanzig Jahren kontinuierlich hoch: Sie pendelt zwischen 30 und knapp über 50 Prozent. Das bedeutet, auf mindestens jede dritte Hochzeit kommt eine Scheidung. Daraus möchte ich dennoch nicht lesen, die Ehe wäre als Modell überholt und von vorneherein zum Scheitern verurteilt. Im Gegenteil. Für viele funktioniert das Konzept Ehe sehr gut. Lerne ich allerdings einen Mann kennen, gehe ich nicht davon aus, dass das jetzt der Mann für die nächsten hundert Jahre sein wird. Ich versteife mich nicht darauf, dass der nächste Partner auch der letzte sein müsste. Mein Fokus ist ein anderer. Ich möchte, dass wir uns für eine bestimmte Zeit gegenseitig ein tolles Leben bereiten. Das geschieht völlig ohne Druck, es kann ewig so sein oder eben nach acht Monaten auch wieder vorbei sein. Ich bin offen und erzwinge nichts.

Der Sinn von Ehe hat sich mir persönlich trotzdem noch nicht erschlossen, und das nicht, weil ich Statistiken lesen kann und Angst davor hätte, dass wir kurz nach den Hochzeitsglocken aufgebracht und zankend vorm Scheidungsgericht säßen. Vielmehr frage ich mich, welche Intention zwei Menschen bei ihrer Eheschließung hatten – und was daraus geworden ist. Viele, die geheiratet haben, behaupten, es habe etwas in ihrer Beziehung verändert, und das glaube ich ihnen auch. Sie seien ein noch engeres Team geworden, und sie freuten sich darauf, weiter aneinander und miteinander zu wachsen. Sie schätzten die große Verlässlichkeit und das tiefe Vertrauen. Dennoch sehe ich den Sinn für mich persönlich nicht, und zu meinem Bedauern muss ich zu vielen anderen sagen: Sich einen Partner bereits mit dem Ziel zu suchen, ihn zu heiraten, ein Haus zu bauen und Kinder mit ihm in die Welt zu setzen, halte ich für den denkbar schlechtesten Grund, das Aufgebot zu bestellen oder überhaupt diese Beziehung einzugehen.

Drum prüfe, wer sich ewig bindet ...

Nicht alle sind für die Ehe gemacht, und alle sollten dahingehend ehrlich sein, bevor sie sich ins Unheil stürzen. Vielleicht bist du auch ein Kaffeekind, oder du möchtest eine Partnerschaft, aber ohne Kind, Vorgarten, Camper und Malle. Es gibt so viele unterschiedliche Lebensmodelle. Nur weil die Mehrheit etwas tut, bedeutet es nicht, dass es auch für dich das Richtige ist. Vielleicht magst du zwar Kinder, wärst jedoch dem Muttersein nicht gewachsen. Es lässt sich schließlich schwer ausprobieren: Du zeugst ein Kind, bringst es auf die Welt, aber wenn es nicht dein Ding ist, gibst du es zurück? Das ist unmöglich, deshalb solltest du es vorher genau überprüfen und in dich gehen, damit du nicht dich und andere unglücklich machst. Deshalb ist es die vielleicht größte Challenge, sich angesichts all der Möglichkeiten zurechtzufinden, die uns zur Lebensgestaltung offenstehen.

Viele Menschen können diese Fragen nicht beantworten, sie wissen nicht, warum sie heiraten und Eltern werden möchten. Höchstwahrscheinlich gibt es ihnen Halt, oder sie erfüllen die Erwartungen anderer. In vielen Fällen geht es aber um Kontrolle. Oder sie zeugen viele Kinder, um im Alter nicht allein sein zu müssen. Dann wäre purer Egoismus die Triebfeder.

Mit Anfang zwanzig war ich in einer sehr glücklichen Beziehung. Könnte ich Kinder bekommen, hätte ich damals in einem relativ kurzen Zeitraum bestimmt drei davon in die Welt gesetzt. Damals wäre es meine Erfüllung gewesen, und ich wäre in der Mutterrolle aufgegangen: für jemanden zu sorgen und ihn zu erziehen, der die Welt erst noch entdecken muss, den ich und der mich bedingungslos liebt. Damals habe ich allerdings auch geglaubt, dass das Leben nicht mehr Türen für mich öffnen würde.

Also hör genau in dich hinein, nur dann weißt du, ob es sich lohnt, neidisch zu sein auf all die Frauen, die sich in ihre Hochzeitskleider werfen. Schau dir genau an, wie es bei ihnen läuft. Und entscheide dann, ob du wirklich im Reigen der Bräute mittanzen möchtest.

In Feierlaune

Liebe Nicolette, ich bin Anfang dreißig und habe mich in der Vergangenheit bei der Zahl meiner Sexualpartner nicht lumpen lassen. Aber ab wann ist der Männerverschleiß zu hoch?

Diese Frage beantwortet dir jede Frau anders. Dennoch muss ich jetzt das mit Kartoffelprint bedruckte Schild mit der Aufschrift *Feministin* hochhalten. Warum macht es einen Unterschied, ob ein Mann oder eine Frau viele Sexualpartner hat? Männer, die ständig mit einer anderen ins Bett hüpfen, gelten als erfahren, attraktiv und gefragt. Frauen sind wahllos, das scheint gesellschaftlich und kulturell verankert und Konsens zu sein. Aber ist das auch richtig?

Mädchen haben das rosafarbene T-Shirt an mit der Glitzerschrift Prinzessin. *Jungs tragen den Aufdruck* Held *auf der Brust – in Blau, versteht sich.*

Die Grundlage für diese verquere Ansicht wird bereits in den Kinderzimmern gelegt. Töchter werden aufgefordert, sich zu benehmen, in der Schule aufzupassen und lieb zu sein. Bei Jungs ist es verschmerzbar, wenn sie wenigstens eine vier statt einer fünf mit nach Hause bringen. Ist es okay, dass Mädchen mit Autos und Jungs mit Puppen spielen? Allein in der Frage liegt die Wurzel des Übels.

Frauen haben nicht weniger als Männer ein Recht darauf, ihre Bedürfnisse auszuleben. Der beste Sex für eine Frau wäre vermutlich einer ohne Gefühle – rein zur Lustbefriedigung. Dazu muss ein Mann für sie aber als Partner so unattraktiv sein, dass sie nur seinen Penis liebt. Aber möchte man tatsächlich mit jemandem schlafen, der so wenig zu bieten hat? Das muss jede Frau für sich individuell herausfinden.

Frauen genieren sich nach wie vor, ihrer Lust nachzugeben und mit irgendeinem Mann, den sie attraktiv finden, Sex zu haben. Dabei bin ich der festen Überzeugung: Als Single darfst du all das tun, was dir gut- und anderen nicht wehtut. Dann kannst du mit zehn Männern am Tag schlafen. Aber geh mit gutem Beispiel voran, indem du ladylike und nicht abwertend über seinen Peni oder deine Sexkapaden sprichst – mit dem nötigen Geschmack und der nötigen Distanz.

Was Männer wollen

Liebe Nicolette, ich habe das Gefühl, dass alle meine Ex-Partner, nachdem ich mich von ihnen getrennt habe, ziemlich zügig heirateten.

Wurde der Mann verlassen und musste sich harter Kritik und heftigen Diskussionen aussetzen, ist er tief gekränkt. Denn eine Frau, die ihre Meinung sagt und nicht den Mund hält, ist anstrengend. Sie sagt Nein zu etwas, was er möchte.

„Suche Mann auf Augenhöhe, für intellektuelle Gespräche, der kultiviert ist, der mich motiviert, an dem ich wachsen kann." Schreibst du das in dein Tinder-Profil, jagst du einem gewissen Typ Mann Todesangst ein. Er bevorzugt Frauen, die nicht mit ihm konkurrieren. Wir leben in einer Zeit des Umschwungs. Vor fünfzig Jahren durften Frauen teilweise nicht einmal ein eigenes Bankkonto führen, stattdessen hatten sie zu kochen, zu putzen und dafür zu sorgen, dass es dem Mann gut geht. Dieses Rollenverständnis wird Männern zum Teil heute noch zu Hause vorgelebt. Doch jetzt wollen wir Geld verdienen, sind selbstständig und gebildet und vertreten unsere Meinung – wenn es sein muss, auch noch hartnäckig. Wir haben den Anspruch, mehr zu sein als die Frau an seiner Seite.

Der Mann möchte gebraucht werden, die Frau geliebt.

Nehmen wir mich als krasses Beispiel. Ich brauche den Mann weder fürs Finanzielle noch für kluge Ratschläge.

Das Land braucht mehr starke Frauen! Dabei kann man aus meiner Sicht einen Unterschied zwischen einer starken und einer dominanten Frau ausmachen - das wird oftmals über einen Kamm geschert. Ich habe dominante Frauen kennengelernt, die in einer Beziehung den Ton angeben und die Kontrolle behalten wollen und dabei zu einer herrischen Kommunikation neigen. Die meisten Männer haben allerdings keine Lust darauf, ständig verbessert, kontrolliert und kritisiert zu werden und möchten gerne selbst der stärkere Part in der Beziehung sein. Das passt in unserer Zeit jedoch nicht mehr in das Konzept der Partnersuche. Da wird sich - zehn Jahre weitergedacht - noch einiges einpendeln (müssen). Dessen bin ich mir gewiss. Ob alleinerziehende Mutter, Altenpflegerin, Polizistin oder auch Servicekraft - ihr alle seid starke und attraktive Frauen. Kennt euren Wert!

Alle Männer, mit denen ich je zusammen gewesen bin, durften den Luxus genießen, mich als Partnerin zu haben. Ich habe sie so vorbereitet, dass sie hinterher für ein solides Leben geeignet waren - und sie haben von meinem Trainingsprogramm nicht einmal etwas bemerkt. Oft musste ich sie aus Erschöpfung verlassen, weil dieser Job auf Dauer sehr anstrengend ist. Wenn deine Ex-Partner nach eurer Trennung also heiraten, ist das nicht unbedingt ein schlechtes Zeichen. Es bedeutet einfach nur: Du hast sie optimal auf ihr Beziehungsleben mit der neuen Partnerin vorbereitet. Dabei darf nicht vergessen werden, dass es für das Ende einer Beziehung - so schmerzhaft das auch sein mag - immer einen Grund gibt. Manchmal muss man einfach akzeptieren, dass es nicht passt, denn jeder hat andere Ansprüche und Bedürfnisse. Die einen sind sehr wählerisch und die anderen sehr genügsam. Einen Menschen, den du nicht wolltest, nimmt ein Anderer ganz sicher mit Kusshand!

„Ich liebe dich" –
ich glaube nichts von
kleinen Jungs, von Besof-
fenen oder Männern mit
einer Erregung.

Mr. Right

*Liebe Nicolette, ich bin Single und habe das Gefühl, ich
lerne nur Trottel kennen. Wann kommt endlich Mr. Right?*

„Es gibt für jeden Topf einen Deckel" - dieses Sprichwort
stammt aus einer Zeit, deren Wertevorstellungen zum
Glück überholt sind. Frauen sollten anpassungsfähig sein
und bekamen den Rat ihrer Mutter mit auf den Weg, nicht
so anspruchsvoll bei der Männersuche zu sein. Wer keine
Ansprüche hat, erweitert den Kreis potenzieller Heirats-
kandidaten um ein Vielfaches und könnte jeden Tag einen
anderen zum Standesamt schleppen. Doch wer dir ausreden möchte, Ansprüche zu haben, redet dir deine Selbst-
wertschätzung aus.

*Willst du keine Pommes, musst du raus aus der
Frittenbude.*

Bei der Partnersuche verfolgen viele wieder und wieder
das gleiche Muster, obwohl sie damit genauso oft in einer
Sackgasse landen. Sie sind festgefahren in ihrem Beuteschema, das gilt sogar häufiger für Frauen als für Männer.
Weißt du nicht, wie dein Beuteschema aussieht, solltest du
Tinder ausprobieren: Das Katalogprinzip zeigt dir schnell,
wie du tickst.

Ich fahre sehr gut mit Männern, die älter sind als ich. Sie
sind ruhiger und goutieren Sachen, die ich auch mag. Den
fünfunddreißigjährigen Muskelprotz, der tätowiert ist und
abtanzen kann, finde ich ebenfalls sexy. Mit uns wird es
wahrscheinlich trotzdem nicht funktionieren.

Mein Rat ist: Stell fest, wer du bist, was du darstellst und
was dir guttut - das ist eine der besten Maßnahmen, um
einen tollen Menschen kennenzulernen. Zumindest bleibt
dir so ein bisschen was erspart.

Gute Menschen finden gute Menschen.

Hast du gerne extravaganten, außergewöhnlichen Sex, suchst dir aber einen Partner aus, für den es alle vierzehn Tage mal schnell sonntagsmorgens ausreichend ist, wirst du nicht glücklich. Ich könnte dir in Aussicht stellen, du solltest aufhören mit der Suche nach Mr. Right oder Mrs. Right, er oder sie fände irgendwann von ganz allein den Weg zu dir. Dann würde ich allerdings lügen. Einige Frauen, die ich kenne und die in einer Beziehung sind, haben gezielt nach ihrem Partner gesucht - er stand nicht irgendwann einfach vor der Tür. Sei mutig, denn gute Menschen finden gute Menschen.

Sollte die Suche etwas länger dauern, genieße die Zeit. Du darfst als Single abends allein im Bett liegen - sogar diagonal, wenn du möchtest. Das ist auch schön. Ich gönne jedem seine Liebe und seine Beziehung. Aber allein zu sein, heißt auch, frei zu sein, für Feiern, Etepetete, Flirten und einfaches Rummachen - und für den nächsten Besuch auf dem Oktoberfest.

O'zapft is!

Ich freu mich riesig, wenn endlich wieder die Oktoberfeste starten - die Wiesn in München und jedes noch so kleine Bierzelt landauf, landab, das aufgeschlagen wird und in dem die Blaskapelle aufspielt. *I moag di* in Zuckerschrift auf Lebkuchenherzen, hell erleuchtetes Riesenrad und pralle, knallig rote Liebesäpfel - da hüpft mein Herz höher. Die zünftige Jahreszeit nimmt ihren Lauf. Dann heißt es: O'zapft is!

Darauf fiebere ich monatelang hin. Ich ergänze schon frühzeitig meine Dirndlsammlung um die neuesten Designermodelle, um mich dann kaum entscheiden zu können, welche ich einpacken und tragen soll. Die Schnürung, die die Taille betont, die Rüschen, die mein Dekolleté hervorheben, und der Glockenrock mit Schürze, der um meine

Hüften schwingt. Dirndl bringen meine Proportionen perfekt zur Geltung - meine Schleife binde ich links, das dürfte auf der Hand liegen. Dass die Blicke dort nicht lange verharren, auch.

Magisch angezogen von der Volksmusik, lasse ich mich hineinziehen in den Sog von gut aussehenden Männern im Karohemd und der Krachledernen, die die muskulösen Waden zeigen. Jetzt noch eine Schweinshaxe in der rechten und eine Maß in der linken Hand - und ich flippe aus. Ich sehe aus wie Heidi und bin der absolute Magnet. Ich tanze auf dem Tisch und rufe aus Leibeskräften der Bläsergruppe zu, sie solle endlich „Resi, i hol di mit mei'm Traktor ab" spielen, dann kenne ich kein Halten mehr. Aus voller Kehle singe ich mit, die Luft flirrt von Schweiß, Alkohol und Ekstase. Sex liegt in der Luft. Ich möchte von Januar bis Dezember Oktoberfest feiern - und nie wieder nach Hause gehen.

„Liebe Nicolette, im Moment bin ich so horny, ich könnte jeden Mann anspringen, den ich annähernd attraktiv finde."

Meine Antwort

Na ja, so schlimm kann es nicht sein, du scheinst noch Ansprüche zu haben und Wert auf Attraktivität zu legen. Wir alle kennen das: Es gibt Zeiten, da bist du so von der Rolle, da reibst du dich sogar am Wäschekorb.

DIRTY-DONNERSTAG-SHORT

„Liebe Nicolette, ich, männlich, bin seit acht Monaten mit einem Mann zusammen. Wir sind superglücklich, er tut sich aber schwer, sich vor seiner Familie zu outen."

Meine Antwort

Viele Männer und Frauen leben da draußen, die sich nicht trauen, der Welt zu zeigen, wer sie wirklich sind. Weil sie mit ganz viel Scham und Angst behaftet sind, und das leider nicht immer unbegründet. Das tut weh, das zerschmettert einen von innen. Stell dir vor, du könntest nicht ausleben, was du fühlst. Doch du kannst nicht mehr tun, als jemanden zu motivieren, jemandem zu signalisieren, dass du für ihn da bist, egal wie deren Reaktion ausfällt. Und du kannst ihm Zeit geben, um zu entscheiden, wann für ihn der richtige Zeitpunkt gekommen ist.

DIRTY-DONNERSTAG-SHORT

Nicolettes Weisheiten:

TAKE YOUR BROKEN HEART, MAKE IT INTO ART

„Nimm dein gebrochenes Herz und mache Kunst daraus."
Dieses Zitat ist das schönste, das ich je gehört habe. Es
stammt von der Schauspielerin Carrie Fisher. Diese Zeile
drückt aus, was mich zu der Nicolette gemacht hat, die
ich heute bin.

Alle Niederlagen, alle Zeiten, die nicht so gut waren, die
dich traurig oder wütend gemacht und enttäuscht haben,
alle Zeiten, die dir Glück und Hoffnung genommen
haben, in denen du an dir oder an der Liebe gezweifelt hast,
sorgen dafür, dass du stärker aus einer Sache herausgehst -
wenn du es richtig nutzt. Ist mir etwas widerfahren, das
mir wehgetan hat, analysiere ich meine Emotionen, um
sie abzuschwächen oder dafür zu sorgen, dass sie nie
wieder zurückkommen (können). Das macht stark. Damit
meine ich nicht, dass du kalt werden und nichts mehr an
dich heranlassen sollst. Das Leben ist ein einziges Auf und
Ab. Zu lernen, aufzustehen, das Krönchen zu richten und
die guten Zeiten zu sehen, ist eine Fähigkeit, die du dir
aneignen solltest. Ich habe oft überlegt, warum mein Herz
gebrochen ist, und dann, wie ich es reparieren kann. Mein
Herz ist ein wenig vernarbt, aber dadurch widerstands-
fähiger geworden - und ich fühle mich stärker denn je. An
die Liebe glaube ich unverändert, sie ist in meinem Leben
allgegenwärtig!

FAKE IT, TILL YOU MAKE IT

Das Zitat „Fake it, till you make it" wird meist nicht positiv
verstanden. Als Teenager habe ich das erste Mal Heidi
Klums Biografie *Natürlich erfolgreich* gelesen. Darin berichtet sie, sie sei nicht immer bei der Wahrheit geblieben,
wenn sie beim Casting war. Als sie für Victoria's Secret
gecastet wurde, fragte man sie, ob sie schon einmal in
Unterwäsche auf dem Laufsteg gewesen sei. Sie hat einfach geschwindelt - und ist ein Victoria's Secret Angel geworden. Ich habe mir auch oft die Wahrheit so zurechtge-
rückt, dass ich es am Ende selbst geglaubt habe. Das hat
mir Mut gemacht und mir die Kraft gegeben, die Dinge
wirklich auch zu tun. Ich bin nicht immer bis ins letzte
Detail vorbereitet auf Projekte, Dreharbeiten oder Shows.
Aber ich habe ein Talent für die Improvisation. Häufig
werde ich gefragt, ob ich schon einmal etwas gemacht
hätte, und sage Ja, obwohl es nicht stimmt. Doch ich bin
mir sicher, dass ich den Auftrag, den ich deswegen erhalte,
zu aller Zufriedenheit und sogar besser erledige.
„Ich muss keine Millionärin sein, um so zu leben" - diese
Weisheit hat mir einmal ein ganz besonderer Mensch mit
auf den Weg gegeben. Ich esse gerne vom guten Geschirr,
laufe mit Perlenkette herum, ziehe mir hohe Schuhe an,
auch wenn mich niemand sieht, und tue so, als wäre ich
ein Hollywoodstar. Was das mit meiner Haltung, mit
meinen Wünschen macht, ist herausragend. Geflunkert
habe ich oft und kann sagen, dass das, was ich zunächst
nur vorgegeben habe, auch immer eingetroffen ist!

9

Nachwort

Nachwort

„Die Frau mit dem Schwarz-Weiß-Denken, die glaubt, sie wäre Beziehungstherapeutin." – „Nicolette gibt Ratschläge, die Beziehungen in Gefahr bringen." – „Sie hat die Emanzipation falsch verstanden." Die Liste der kritischen Vorwürfe ist lang. Es gibt Menschen, die den humoristischen Aspekt meiner Statements nicht verstehen. Sie verstehen Sarkasmus nicht und nehmen meine Ausführungen viel zu ernst. Das Traurige daran ist aber doch: Nimmt mich jemand zu ernst, nimmt diese Person vermutlich auch viele andere Dinge zu ernst. Eine meiner Grundregeln, um glücklich zu werden: Lach mal über dich selbst! Nimm dich nicht zu ernst – wir sind alles nur Menschen, die Fehler begehen. Und das ist in Ordnung so! Niemand wurde mit Weisheit geboren und nicht immer wissen wir, was falsch und was richtig ist. Ich sollte mir manchmal hinter die Löffel schreiben, meine Ratschläge selbst mehr einzuhalten.

Einer der größten Fehler in meinem Leben war,
dass ich zu sehr auf die Ratschläge anderer
gehört habe.

Es gibt Eskapaden mit Männern und Frauen, die mir während meiner Karriere passiert sind, von denen niemand etwas weiß. Ich war schon oft verzweifelt, traurig oder ängstlich. Das walze ich jedoch nicht in der Öffentlichkeit aus, weil ich die Intimsphäre anderer respektiere. Doch ich bin nicht unverwundbar, vieles, was ich erzähle oder in diesem Buch preisgegeben habe, resultiert aus Schmerz und Enttäuschung, aber auch aus Glückseligkeit und den schönen Dingen des Lebens. Ich kenne Tage, an denen ich zweifele und an denen es mir nicht gut geht.

＊·—◆—·＊

" Ich kämpfe mein
ganzes Leben schon für
Respekt und Anerkennung.
Meistens bei den
Menschen, die mir am
nächsten sind. „

Ich brüste mich damit, dass ich das Alleinsein cool finde – dennoch habe ich Beziehungen mit bedingungsloser Liebe erlebt. Mir ist es wichtig, dass alle Menschen das, was sie machen, mit großer Überzeugung tun und damit glücklich und zufrieden werden. Egal, wofür sie sich entscheiden: ob fürs Alleinsein oder mit einem Partner zu leben, für welches Geschlecht, ob mit oder ohne Kinder, ob für oder gegen die Karriere, oder wer oder was sie auch immer sein oder darstellen möchten.

Uns wird immer suggeriert, wir müssten Entscheidungen für ein ganzes Leben treffen, ein Richtungswechsel wäre nicht in Ordnung. Warum nicht? Ich mache es heute so – und wenn es mir morgen anders besser gefällt, mache ich es anders. Wenn ich morgen nach China ziehen möchte, ziehe ich nach China. Wenn ich heute auf Männer stehe, kann ich nächste Woche trotzdem auf Frauen stehen.

Es ist mir wichtig, dass es sich nur darum dreht, was in mir drinnen passiert, und nicht, was außen geschieht. Je mehr du dich der Beeinflussung von außen entziehst, desto eher kommst du mit dir ins Reine.

Wenn ich darauf hinarbeite, eines Tages glücklich zu sein, dann ist die Zeit, in der ich darauf hingearbeitet habe, vergeudet. Life is no rehearsal – *ist auf meinem rechten Arm in der Ellenbeuge tätowiert.*

Eine Followerin ist mit neunundzwanzig Jahren verstorben. „Life is no rehearsal" – das Leben ist keine Probe – war ihr Lebensmotto. Sie hatte Krebs, der sich über den ganzen Körper ausgebreitet und gegen den sie letztlich keine Chance hatte. Sie war ein treuer Fan, immer bei meinen Shows und öfter backstage. Ihr Schicksal habe ich mit gebrochenem Herzen verfolgt. Mit allen, die sie geliebt und bewundert haben, habe ich ihren dreißigsten Geburtstag gefeiert, obwohl sie da schon verstorben war.

Zeit, die wir in schlechten Beziehungen zu anderen oder zu uns verbringen, in der wir nicht dankbar sind und Dinge für selbstverständlich erachten oder in der wir uns mit Mist herumplagen, ist verschenkte Zeit. Die kriegst du nicht zurück. Deshalb ist mir dieses Motto so wichtig. Ich möchte die Zeit *jetzt* auskosten. Ich habe keine Lust, darüber nachzudenken, was morgen oder übermorgen sein wird, und mir ständig Sorgen zu machen. Wenn ich mit Problemen konfrontiert werde, zermartere ich mir das Hirn, wie ich damit umgehe – aber nicht schon vorher.

Ich hoffe, dass alle, die mein Buch gelesen haben, nicht nur etwas zum Lachen hatten, sondern vielleicht auch etwas für sich mitgenommen haben, etwas fürs Herz, für die Seele – und ein kleines Stückchen näher bei sich selbst sind.

Wir sehen uns in Hollywood!

Von Nicolette bereits erschienen

Nicolette Fountaris

Sexy & Simple

Gute Hausmannskost, so einfach wie noch nie

160 Seiten
Hardcover
€ 18,00 [D]
ISBN 978-3-96096-134-5

Quellenverzeichnis

Abruf aller URLs im Juli 2021.

S. 22 „Ein zentrales Thema (...)": Hegmann, Eric: Was Forscher über die Angst der Frauen herausgefunden haben, o. D., https://www.beziehungsweise-magazin.de/ratgeber/partnerschaft-beziehung/was-forscher-ueber-die-angst-der-frauen-herausgefunden-haben/

S. 22 "Forscher wie Gottman (...)":
Psychologie-Aktuell: Angststörungen: Bei Frauen häufiger und anders als bei Männern, o. D., https://www.psychologie-aktuell.com/news/aktuelle-news-psychologie/news-lesen/angststroerungen-bei-frauen-haeufiger-und-anders-als-bei-maennern.html
Gottman, John: The Man's Guide to Women: Scientifically Proven Secrets from the Love Lab About What Women Really Want. 02.02.2016, Rodale Books

S. 40 "Wenn du nicht mehr weißt, (...)": Seiler, Laura Malina: Mögest Du glücklich sein. Entdecke dein Höheres Selbst und verbinde dich mit deiner inneren Kraft. 02.03.2020, Knaur MensSana TB

S. 60 "Sage und schreibe 235 Millionen Euro (...)": Statista Research Department: Online-Dating: Daten und Fakten zur Partnersuche über das Internet. 23.03.2021, https://de.statista.com/themen/885/online-dating/

S. 50 "Laut Umfragen (...)": Statista Research Department: Welcher der folgenden Aussagen über Partnersuche und Dating stimmen Sie zu?. 25.06.2021, https://de.statista.com/statistik/daten/studie/1177374/umfrage/einstellungen-von-singles-in-deutschland-zu-dating-und-partnersuche/

S. 134 "Das Buch Ich hasse dich, verlass mich nicht (...)": Kreisman, Jerold J. & Straus, Hal: Ich hasse dich - verlass mich nicht. Die schwarzweiße Welt der Borderline-Persönlichkeit, 18.06.2012, Kösel

S. 135 "Der US-amerikanische Psychologe B. F. Skinner (...)": Lada-Klein, Mia: Intermittierende Konditionierung. 12.10.2019, https://mia-lada-klein.com/2019/10/12/intermittierende-konditionierung/

S. 157 "In der Mehrheit der Partnerschaften (...)":
Lauda, Liza: Frauen machen öfter Schluss!, woman, 15.01.2014, https://www.woman.at/a/frauen-machen-oefter-schluss
Gran, Sissel: „Viele verlassen ihre Partner, um ihr sterbendes Selbst zu retten". Deutschlandfunk Kultur. 07.06.2019, https://www.deutschlandfunkkultur.de/paartherapeutin-sissel-gran-viele-verlassen-ihre-partner-um.1270.de.html?dram:article_id=450839

S. 170 "Fakt ist, die Scheidungsrate (...)": Statista Research Department: Scheidungsquote in Deutschland von 1960 bis 2020. 11.08.2021, https://de.statista.com/statistik/daten/studie/76211/umfrage/scheidungsquote-von-1960-bis-2008/

S. 183 "Als Teenager habe ich das erste Mal Heidi Klums (...)": Postmann, Alexandra & Bartoszko, Alexandra: Heidi Klum. Natürlich erfolgreich. 01.03.2005, Fischer Krüger